頂上決戦!異種水中生物オールスター大決戦

編：Creature Story

西東社

オールスター
異種水中カップ開催

今大会は水に縁のある選手たち。参加種族は、地球生物、絶滅生物、幻獣・妖怪、物語の4つの種族だ。地球生物は前回大会「水中危険生物カップ」単体戦優勝のオキゴンドウをはじめ、陸上最大の肉食動物であるホッキョクグマや水陸両棲のオオアナコンダなど多種多様なメンバーが集結。絶滅生物はかつて海洋を支配したメガロドンやモササウルスなど優勝候補たりえる巨大な選手が多いイメージだ。太古の圧倒的パワーが今大会でどう炸裂するのか目が離せない。幻獣・妖怪にはヴォジャノーイやシー・モンクなど馴染みのない西洋の選手も多く、彼らの能力は必見だろう。そして興味深いのは物語。水にまつわる選手が物語の世界から飛びだし熱いバトルを繰り広げる。普段は見ることのできない彼らの戦い方は注目だ。水中では水温の変化や水流などがどう影響するのか予想が難しい。体格差だけでなく、それぞれの特性をどう生かすかが勝敗を分けそうだ。世界や種族の垣根を越えた水中No.1の座を狙う注目のバトルが、いま、始まる。

出場種族データ

地球生物
進化を重ね、地球で今も生き抜く動物たち。地の利は彼らにある。

絶滅生物
太古の昔に絶滅した生物たち。圧倒的なパワーをもつ選手が多数。

幻獣・妖怪
世界の神話や伝承に登場する幻獣と、日本に伝わる妖怪や怪人たち。

物語
物語や昔話の世界にすむ勇者や姫、悪い魔女たち。能力は未知数だ。

Battle Start!

≫出場メンバーリスト

ホホジロザメ	モササウルス	ホッキョクグマ	プレシオサウルス
P14	P15	P18	P19

イワトビペンギン	アーケロン	河童	シファクティヌス
P22	P23	P26	P27

カモノハシ	一寸法師	ダイオウイカ	クラーケン
P30	P31	P34	P35

Aブロック

※金色の枠でかこんでいるのは、シード枠である。

バショウカジキ　P38

人魚姫　P39

アノマロカリス　P42

フライパンマス　P43

シード枠

オキゴンドウ　P84

デイノスクス　P85

オオアナコンダ　P90

リヴィアタン・メルビレイ　P91

ナックラヴィー　P96

川天狗　P97

セイレーン　P102

マッコウクジラ　P103

5

出場メンバーリスト

ナイルワニ
P48

ペラゴルニス・サンデルシ
P49

カバ
P52

フック船長
P53

アンスロポルニス
P56

ビーバー
P57

マダコ
P60

浦島太郎＆助けられた亀
P61

蟹坊主
P64

ピラニア
P65

ヤエケロプテルス
P68

イッカク
P69

Bブロック

ダツ	舟幽霊	コモドドラゴン	ヴォジャノーイ
P72	P73	P76	P77

シード枠

メガロドン	ダンクルオステウス	セイウチ	シャチ
P110	P111	P116	P117

シー・モンク	プールのジョー	海の魔女（人魚姫）	沙悟浄
P122	P123	P128	P129

オキゴンドウ

ホホジロザメ

1回戦
バトル1
→P16

2回戦
バトル1
→P86

モササウルス

3回戦
バトル1
→P140

デイノスクス

ホッキョクグマ

1回戦
バトル2
→P20

2回戦
バトル2
→P88

プレシオサウルス

準々決勝
バトル1
→P162

オオアナコンダ

イワトビペンギン

1回戦
バトル3
→P24

2回戦
バトル3
→P92

アーケロン

3回戦
バトル2
→P142

リヴィアタン・
メルビレイ

河童

1回戦
バトル4
→P28

2回戦
バトル4
→P94

シファクティヌス

準決勝
バトル1
→P174

ナックラヴィー

カモノハシ

1回戦
バトル5
→P32

2回戦
バトル5
→P98

一寸法師

3回戦
バトル3
→P144

川天狗

ダイオウイカ

1回戦
バトル6
→P36

2回戦
バトル6
→P100

クラーケン

準々決勝
バトル2
→P164

セイレーン

バショウカジキ

1回戦
バトル7
→P40

2回戦
バトル7
→P104

人魚姫

3回戦
バトル4
→P146

マッコウクジラ

アノマロカリス

1回戦
バトル8
→P44

2回戦
バトル8
→P106

フライパンマス

トップを

決

目指して！

勝

➡P184

準決勝
バトル2
➡P176

準々決勝
バトル3
➡P166

準々決勝
バトル4
➡P168

3回戦
バトル5
➡P148

3回戦
バトル6
➡P150

3回戦
バトル7
➡P152

3回戦
バトル8
➡P154

2回戦
バトル9
➡P112

2回戦
バトル10
➡P114

2回戦
バトル11
➡P118

2回戦
バトル12
➡P120

2回戦
バトル13
➡P124

2回戦
バトル14
➡P126

2回戦
バトル15
➡P130

2回戦
バトル16
➡P132

1回戦
バトル9
➡P50

1回戦
バトル10
➡P54

1回戦
バトル11
➡P58

1回戦
バトル12
➡P62

1回戦
バトル13
➡P66

1回戦
バトル14
➡P70

1回戦
バトル15
➡P74

1回戦
バトル16
➡P78

メガロドン

ナイルワニ

ペラゴルニス・サンデルシ

ダンクルオステウス

カバ

フック船長

セイウチ

アンスロポルニス

ビーバー

シャチ

マダコ

浦島太郎&助けられた亀

シー・モンク

蟹坊主

ピラニア

プールのジョー

ヤエケロプテルス

イッカク

海の魔女（人魚姫）

ダツ

舟幽霊

沙悟浄

コモドドラゴン

ヴォジャノーイ

大会の4つの掟

1 バトルは原則1対1

選手は原則単独で戦わなければならない。ただし、集団行動の習性がある生物や特別な事情がある選手は複数参戦も認められている。なかまが生き残っていても主体となる選手がダウンするとその時点で失格となる。

2 フィールドのものは使用可

フィールド上の、植物や丸太、石などはバトルの中で使用できる。またフィールドにあるものは、人工物でも自由に使うことが認められている。バトルの中で、フィールドを活用することが重要になってくる。

3 完全決着するまで戦う

相手がバトルを続けることができなくなった時点で勝敗が決まる。しかし、バトルフィールドからいなくなったり、逃げたりした場合は、レフリーの判断で試合放棄とみなされる。同時ダウンの場合は、立ち上がった方の勝利。

4 負傷は完全回復する

すべてのバトルで実力が発揮できるように、前の試合のダメージや傷は完全回復する。試合中に受けた毒も次の試合までには回復する。バトル中に体力を回復させるために、一時避難することも可能である。

番外編コラム

出場選手の基礎情報や能力をさらに深ぼって解説します。

攻撃、防御などの項目ごとにランキングを発表し、バトルをふり返ります。

今大会の主なバトルフィールド

水温、水の流れ、近くにある木や岩。バトルフィールドは戦況を大きく
左右する大事なポイントだ。主なバトルフィールドを紹介しよう。

海

波・天候の変化に注意！

最も登場するフィールドで、大抵の選手は実力を発揮できる。ただ波や天候の変化に注意。

湖・沼

霧の発生・泥に注意！

波がなく、癖のないフィールドだが、水深が比較的浅く、視界を遮る霧も発生しやすい。

北極

超低温に注意！

0度を下回る北極の水温では、多くの選手が体温をうばわれ、思うように動けないだろう。

川・滝

激流・岩に注意！

最も水の流れが激しく、泳ぎが得意でないと苦しい戦いを強いられる。鋭い岩にも注意だ。

出場選手紹介

パラメーター
5つの能力を7段階で表している。

▶攻撃
体の強さ・力の強さ

▶防御
敵の攻撃をはね返す、かわす能力

▶スピード
動きの速さ・移動の速さ

▶体力
戦い続けられる、パフォーマンスを維持する能力

▶テクニック
特別な攻撃方法・攻撃方法の種類の多さ

出場選手の名前

戦うブロック名

種族アイコン

バトルスタイル 主な攻撃や防御のワザ。レベルは0〜100までの数値で表される。

特殊能力

出場選手の説明

バトルページ

トーナメントとバトルナンバー
1回戦、2回戦、3回戦、準々決勝、準決勝、決勝で、各バトルナンバーが表示される。

エリア情報
バトルフィールドのタイプ、水の温度、天候についての情報が表示される。

戦う選手の名前

特殊能力
バトル中に使う、出場選手の特殊能力を解説する。

戦いのようす

この試合の注目ポイント

生態などのミニ解説

勝利者

ホホジロザメ VS モササウルス ➡P16

ホッキョクグマ VS プレシオサウルス ➡P20

イワトビペンギン VS アーケロン ➡P24

河童（かっぱ） VS シファクティヌス ➡P28

カモノハシ VS 一寸法師（いっすんぼうし） ➡P32

ダイオウイカ VS クラーケン ➡P36

バトル開始！（かいし）

1回戦（かいせん）

全16（ぜん）バトル

バショウカジキ VS 人魚姫（にんぎょひめ） ➡P40

アノマロカリス VS フライパンマス ➡P44

ナイルワニ VS ペラゴルニス・サンデルシ ➡P50

カバ VS フック船長（せんちょう） ➡P54

アンスロポルニス VS ビーバー ➡P58

マダコ VS 浦島太郎（うらしまたろう）＆助けられた亀（たすけられたかめ） ➡P62

蟹坊主（かにぼうず） VS ピラニア ➡P66

ヤエケロプテルス VS イッカク ➡P70

ダツ VS 舟幽霊（ふなゆうれい） ➡P74

コモドドラゴン VS ヴォジャノーイ ➡P78

#01 ホホジロザメ

地球生物

攻撃 A

テクニック A　B 防御

B 体力　A スピード

バトルスタイル

かみつきノコギリ	90
高速突進	80
水中ターン	85

特殊能力

デスハンター

敵から発生する微量な電流を感じ取り、敵を追う。

血の1滴をかぎつけるハンターサメ

世界中の海に広く生息し、全長6mを超える巨大サメ。すぐれた鼻をもち、わずかな血のにおいをかぎつけ、凶暴化して襲いかかる超攻撃型の狂戦士。相手を噛みちぎるノコギリのような歯の攻撃に要注意だ。猛スピードでの突進、鋭いターン、水面上ジャンプなど身体能力も高い。

#02 モササウルス

絶滅生物

攻撃

S

テクニック B ● A 防御

A A
体力 スピード

バトルスタイル

かぶりつく	95
尻尾ブレード	90
回転タックル（水中）	90

特殊能力
荒ぶる血

傷を負うほど、獰猛になり攻撃が激しくなる。

敵は絶対逃がさない海の王者

白亜紀後期の6600万年前まで、海にすんでいた海生爬虫類。同時期に生きていたティラノサウルスにも力は負けない、アグレッシブな海の支配者だ。全長10m超の細長い体と強力な尾をくねらせ、ヒレのついた手足を使って海中を自由に泳ぎ回り、大きな口で相手をとらえる。

15

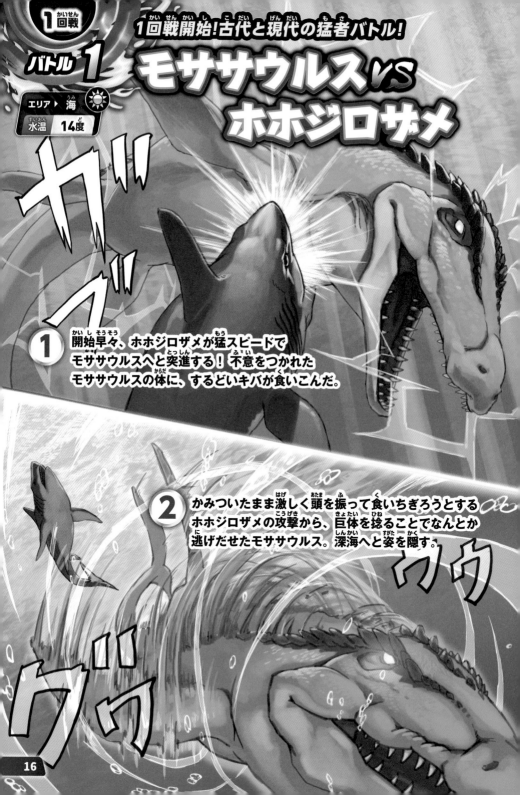

バトル**1**

1回戦開始！古代と現代の猛者バトル！

モササウルス vs ホホジロザメ

エリア ▶ 海

水温 **14**度

① 開始早々、ホホジロザメが猛スピードで
モササウルスへと突進する！ 不意をつかれた
モササウルスの体に、するどいキバが食いこんだ。

② かみついたまま激しく頭を振って食いちぎろうとする
ホホジロザメの攻撃から、巨体を捻ることでなんとか
逃げだせたモササウルス。深海へと姿を隠す。

③ だが息をつかせぬ追撃で、ホホジロザメはモササウルスを追いつめる！体格差をものともしない激しい攻撃に、モササウルスの体は傷つきボロボロだ。

特殊能力
デスハンター
敵から発生する微量な電流を感じ取り、敵を追う。

※モササウルスは流線型の体、強力な尾とヒレ状の手足があり、巨体のわりに高い遊泳力をもっていたと考えられている。

特殊能力
荒ぶる血
モササウルスは傷を負うほど獰猛になり、攻撃が激しくなる。

④ そのまま勝負が決まるかと思われた瞬間、モササウルスが体を急旋回！尾ビレをしならせホホジロザメに叩きつける。よろめいたホホジロザメの腹に噛みついたモササウルスはそのまま強靭な顎の力で噛みちぎった！

モササウルスの勝利

#03 ホッキョクグマ

地球生物（ちきゅうせいぶつ）

バトルスタイル

ベアータックル	85
ホワイトパンチ	95
かみつく	75

特殊能力

ベアクロー

鋭い一撃技（いちげきわざ）で、あたると大（だい）ダメージ。

攻撃（こうげき） A
テクニック B
防御（ぼうぎょ） A
体力（たいりょく） A
スピード B

北極圏で敵なし、最強の白い獣

白い毛をまとった大きなクマで、北極圏最強の生物だ。鋭いツメとキバの攻撃で相手を引きさき、厚い毛皮と脂肪は相手の攻撃をはねかえす。クレバーなハンターで、海の下にかくれた相手もすぐれた鼻でかぎつけ、待ちぶせて襲いかかるという知能をもつ。泳ぎもとても得意だ。

#04 プレシオサウルス

絶滅生物

攻撃
B
テクニック A B 防御
A A
体力 スピード

バトルスタイル

首長アタック	85
ヒレでスイム	80
鋭いキバ	75

特殊能力
広い視野

長い首を使い、敵の攻撃をいちはやく察知し、回避する。

海竜の長い首がどこまでも敵を追う

三畳紀後期〜白亜紀後期（約2億年〜6600万年前）の海にいた首長竜。体の半分もある長い首と視野の広さが武器で、しなやかに動かして、ねらった相手を確実にとらえる。大きなヒレのついた手足を動かして、すばやく泳ぐことも可能。噛む力も強く、つかまえたら逃さない。

エリア ▶ 北極
水温 0度

得意なフィールドで先手を取れ！

プレシオサウルス vs ホッキョクグマ

① 海面から顔をだし泳いでいたホッキョクグマを、プレシオサウルスが海中へと引きずりこんだ！

② 先手必勝とばかりに、海の中での機動力を生かしたプレシオサウルスが何度もホッキョクグマに突進して頭突きをお見舞いする。負けじとするどいツメで攻撃するも、プレシオサウルスにゆうゆうと避けられて当たらない。

③ 再び攻撃しようと距離をとったプレシオサウルスのすきをつき、
ホッキョクグマは氷の上へと飛びだした。
すかさず後を追いかけてくるプレシオサウルス！

特殊能力

ベアクロー
鋭いツメの一撃技で、
あたると大ダメージ。

④ 海面から顔をだしたその瞬間、
待ちかまえていたホッキョクグマの鋭い一撃が、
プレシオサウルスの首に決まった！
プレシオサウルスはノックダウン！

ホッキョクグマの勝利

#05 イワトビペンギン

地球生物

攻撃

テクニック B B B 防御

B A

体力 スピード

バトルスタイル

つつく	75
ジャンピングアタック	80
つばさピンタ	75

特殊能力

高速ジャンパー

ジャンプして高速で動き
回り相手の技をよける。

ジャンプワザが得意な好戦的なペンギン

黄色いまゆげが特徴のペンギンで、ペタペタ歩かず、両足をそろえてぴょんぴょん飛んで移動する。巣に近づくものは、大きな生物でも戦いをしかける、好戦的な暴れん坊だ。相手を赤い目でにらみつけ、毛を逆立てて、鋭いクチバシとつばさ、たくみなジャンプワザで相手を翻弄する。

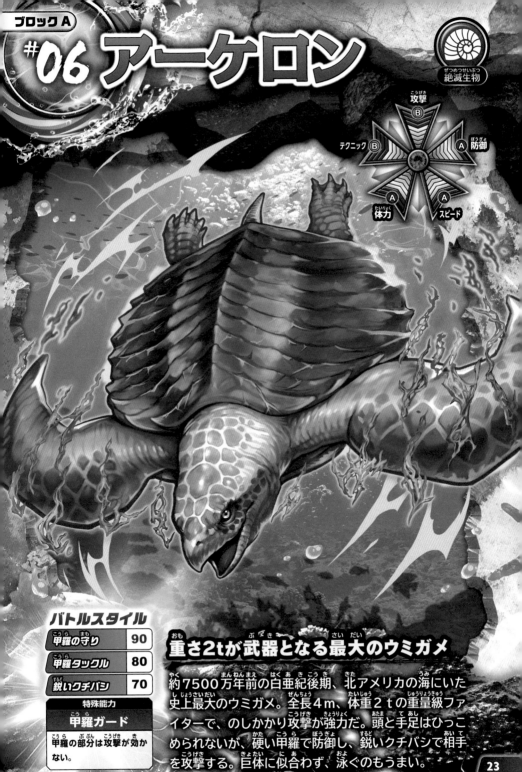

#06 アーケロン

絶滅生物

攻撃 B

テクニック B ― A 防御

体力 A ― A スピード

バトルスタイル

甲羅の守り	90
甲羅タックル	80
鋭いクチバシ	70

特殊能力
甲羅ガード

甲羅の部分は攻撃が効かない。

重さ2tが武器となる最大のウミガメ

約7500万年前の白亜紀後期、北アメリカの海にいた史上最大のウミガメ。全長4m、体重2tの重量級ファイターで、のしかかり攻撃が強力だ。頭と手足はひっこめられないが、硬い甲羅で防御し、鋭いクチバシで相手を攻撃する。巨体に似合わず、泳ぐのもうまい。

23

水中戦、勝敗をわけるのは!?

バトル3

エリア ▶ 海 ☀

水温 **20度**

アーケロンVS イワトビペンギン

シュバッ

特殊能力

高速ジャンパー

ジャンプして高速で動き回り、相手の技をよける。

ズァァァ

① 海中で魚を捕食していたイワトビペンギンに、アーケロンが突進した。
が、イワトビペンギンはスピードを上げて、岩場に飛び上がって攻撃をよける。

ザァァッ

② このまま岩場と海で勝負がつかないかと思われたその時、大波が打ち寄せ、イワトビペンギンは海の中へともどされてしまった。

③ けれど水中でのスピードも、イワトビペンギンの圧勝だ。スイスイと小回りを利かせてアーケロンの周りを泳ぎ回り、頭やヒレをクチバシアタックで攻撃する!

ドスッ

※アーケロンは最長数時間潜っていられたといわれている。

ゴオォォォ

④ だが、鱗で覆われたアーケロンの体にダメージはない。逆にイワトビペンギンの不意をつき水中深く引きずりこんだ。息が続かなくなったイワトビペンギンは意識を失い、ダウン!

アーケロンの勝利

ブロックA

#07 河童

幻獣・妖怪

バトルスタイル

水流アタック	80
甲羅ガード	85
オナラ攻撃	75

特殊能力

変化の術

動物や自然物に変身することができる。

攻撃 A

テクニック A　　B 防御

体力 B　　A スピード

多彩なワザをもつ怪力スイマー

日本の沼や池にすむ妖怪。頭の皿に水があると、怪力で相手を投げ飛ばし、水中に引きずりこむ。ほかの生物や置物に変身でき、相手の油断をさそう。水かきのついた手足をもち、泳ぎも得意。多彩なバトルスタイルをもつが、皿から水がなくなると力が抜けるのが弱点だ。

26

#08 シファクティヌス

絶滅生物

攻撃 A

テクニック B　　B 防御

体力 A　　A スピード

バトルスタイル

ブルドッグアタック	90
全力タックル	80
水中ターン	75

特殊能力
闘魂

相手が巨体であればあるほど実力以上の力を発揮。

ブルドッグの口で敵を噛む肉食魚

白亜紀後期の6600万年前まで海にすんでいた凶暴な肉食魚で、力で押しきる超攻撃型ファイター。犬の歯に似た歯をもつため「ブルドッグ・フィッシュ」と呼ばれ、大きな口で相手を丸のみする。速いスピードで泳ぎ、強い尾ビレと胸ビレで飛び上がり、水面上の相手も攻撃できる。

バトル**4**

上回る大きさとスピードに対抗できるのか!?

シファクティヌス VS 河童

エリア▶ 湖

水温 **15**度

① 開始直後、超スピードで突進してきたシファクティヌスに、河童はなす術もなくふっ飛ばされてしまった！

※シファクティヌスは時速60kmで泳げる。

特殊能力

変化の術

動物や自然物に変身することができる。

② 岩場に全身を叩きつけられた河童は大ダメージを受ける。が、再び攻撃される前に、河童は得意の変化の術で水草へと変身して姿を隠すことに成功する。

❸ 河童を見失ったシファクティヌスの背後から近づいた河童は、素早く変化を解き、背後からシファクティヌスに飛びついた！暴れるシファクティヌスをものすごい力で押さえつける。

力

ムキィ

※河童は相撲が大好きで、ものすごく怪力。

ごん

※河童は頭の皿が弱点で、割れたり乾いたりすると致命傷となる。

❹ けれどシファクティヌスも負けてはいない。強靭な尻尾と巨大な胸ビレで川面から飛び上がると、渾身の力で河童を振り落とした。落下した河童は頭の皿を岩に強打し、ダウン！

シファクティヌスの勝利

#09 カモノハシ

地球生物（ちきゅうせいぶつ）

バトルスタイル

しっぽブレード	85
体当たり	65
ツメキック	80

特殊能力
ひみつの毒ヅメ

後ろ足に隠された毒ヅメで致命傷を与える。

攻撃（こうげき）
テクニック A
B 防御（ぼうぎょ）
体力（たいりょく） B
A スピード

後ろ足に毒ヅメを隠しもつかわいい刺客

タスマニア島だけに生息するめずらしい動物。クチバシはアヒル、しっぽはビーバーに似た愛らしい姿をしているが、激痛をもたらす猛毒のキックには要注意。一発逆転もありえる。クチバシで電気を感じることができ、相手の発するわずかな生体電流から、居場所を探し出せる。

攻撃
B

テクニック S　　C 防御

B　　A
体力　　スピード

バトルスタイル

剣技「蝶」	??
剣技「燕」	??
お椀ガード	80

特殊能力
打ち出のこづち
振るといろんな道具が出てくる。体も大きくできる。

まとわりつき攻撃がやっかいな小さな勇者

身長が一寸＝３cmの体で、鬼を退治するなどの冒険を描いた昔話『一寸法師』の主人公。小さな体ゆえに相手の攻撃はあたらず、針の剣でちくちくダメージを与えるまとわりつき攻撃が得意。打ち出の小づちをふり、道具を出したり、体を大きくしたりとトリッキーなワザにも注目だ。

バトル5

川辺での小回り勝負！

一寸法師 VS カモノハシ

エリア ▶ 川
水温 10度

① 水中からあがったカモノハシは、クチバシで大量にとれたエビにご機嫌だ。その様子を、大きなフキの葉っぱに隠れながら一寸法師がうかがっている。

※カモノハシの好物はエビや昆虫。

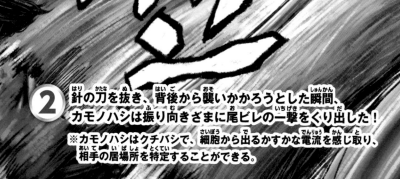

② 針の刀を抜き、背後から襲いかかろうとした瞬間、カモノハシは振り向きざまに尾ビレの一撃をくり出した！

※カモノハシはクチバシで、細胞から出るかすかな電流を感じ取り、相手の居場所を特定することができる。

3 川に吹っ飛ばされた一寸法師だったが、運よく流れてきたお椀に乗って川辺にたどりつく。ちょこまかと針をくり出され、イライラしたカモノハシは鋭いバックキックをお見舞いした。しかし間一髪、するどい毒ヅメをお椀でガード！

特殊能力
ひみつの毒ヅメ
後ろ足に隠された毒ヅメで致命傷を与える。

※一寸法師のお椀は漆（樹液）を塗った漆器で、とても丈夫。

※カモノハシのクチバシは、鳥のクチバシと違って弾力性がありゴムのようにやわらかい。

4 お椀ガードで吹っ飛んだ一寸法師が、風に乗って舞い上がる。そのまま上空から勢いをつけ、カモノハシのクチバシを刀で串刺しにした！

一寸法師の勝利

#11 ダイオウイカ

地球生物

攻撃 A

防御 A

テクニック B

体力 B

スピード B

バトルスタイル

ドリルスクリュー	90
スミをはく	75
しめつける	85

特殊能力

ビルドアップ

3つの心臓を使って血液をたくさん流し、すばやく動く。

つかまったら逃れられない深海の怪物

あしを入れた全長が10mを超える、世界最大のイカ。超接近&持久戦が得意なファイターだ。かすかな光も感じ取り、3つの心臓をフル活動させたすばやい移動で相手を追う。長い触腕につかまったら危険で、触腕のカギヅメのついた吸盤が吸いつき、相手を逃がさず、しめあげる。

#12 クラーケン

幻獣・妖怪

攻撃
A

テクニック B   A 防御

A   B

体力   スピード

バトルスタイル

剛腕ラリアット	90
しめあげる	85
しびれる毒液	80

特殊能力
渦巻
水中にて渦巻を発生させることができる。

8本の剛腕攻撃が驚異の巨大タコ

北欧の海に伝わるタコの怪物。18世紀ごろの船乗りは、島のように巨大なクラーケンに出会うと船をしずめられると恐れた。吸盤のついた腕をふりまわす剛腕ファイターで、ムチのような打撃が強烈。クチから毒液をはき、相手を弱らせる能力もあるそうだが…。

伝説級の大きさ大迫力バトル！

ダイオウイカ vs クラーケン

エリア ▶ 海
水温 7度

① 海底を移動中のクラーケンに、突然、ダイオウイカが猛スピードで襲いかかった！

② 気づいたクラーケンが逃げ出すも、伸ばされた触腕にがっしり頭をつかまれて、カギヅメのついた吸盤がクラーケンの頭にめりこんでいく。クラーケンは長い足を伸ばし、ダイオウイカに反撃しようと体をくねらせる。

③ が、ダイオウイカはすぐさま吸盤を離すと、ジェット噴射で真後ろに移動し攻撃を回避！

とくしゅのうりょく
特殊能力

ビルドアップ

3つの心臓を使って血液をたくさん流し、すばやく動く。

※クラーケンの腕は90%が筋肉でできていて、かなりの剛力。

④ 触腕でつかんだ岩で殴りかかるダイオウイカ。だが、満を持して待ちかまえていたクラーケンが8本の足でダイオウイカをギリギリと締め上げた。あまりの怪力にたまらずダイオウイカは失神した！

クラーケンの勝利

#13 バショウカジキ

地球生物

攻撃 B

テクニック B　B 防御

B　S

体力　スピード

バトルスタイル

突き上げランス	75
突進ランス	85
急ブレーキ回避	??

特殊能力

高速ランス

高速で泳ぎ、長い吻で急所をピンポイントで貫く。

敵を追いつめ剣を突く最速の魚

大きな背びれと剣のような長い吻をもつ、現在の水生生物最速の魚。植物のバショウの葉に似た背ビレを閉じて加速、背ビレを開いて急旋回と、自由自在に泳ぎ回って相手を翻弄する。さらに、するどくとがった吻で相手を打ちつけ、とどめを突きさすスピードタイプのアタッカーだ。

物語

攻撃 B

テクニック B ─ B 防御

体力 B ─ S スピード

バトルスタイル

尾びれアタック	60
全力ビンタ	70
高速スイム	??

特殊能力
海の姫

海の野生生物が味方につきやすい。

海を味方に戦う海のプリンセス

人間との悲しい恋を描いた物語『人魚姫』の主人公で、人魚王の王女。寿命の長い人魚は水中の戦い方にくわしく、相手を誘いこみ、華麗にかわし、強烈な尾びれで攻撃するなど、クレバーな戦い方を見せる。海を治める人魚の王女なので、ピンチ時は海の生き物が味方をしてくれる。

バトル**7**

エリア ▶ 海岸 ☀

水温 **7**度

さざめく波間で弾ける思惑！

バショウカジキ VS 人魚姫

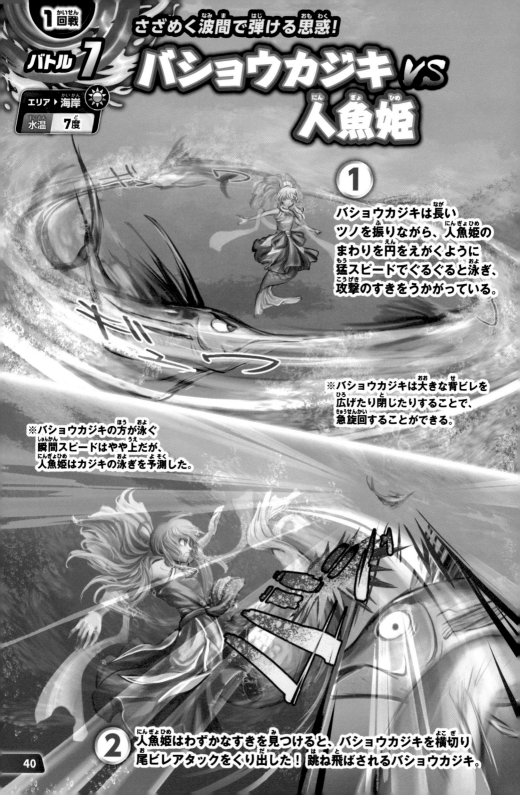

① バショウカジキは長いツノを振りながら、人魚姫のまわりを円をえがくように猛スピードでぐるぐると泳ぎ、攻撃のすきをうかがっている。

※バショウカジキは大きな背ビレを広げたり閉じたりすることで、急旋回することができる。

※バショウカジキの方が泳ぐ瞬間スピードはやや上だが、人魚姫はカジキの泳ぎを予測した。

② 人魚姫はわずかなすきを見つけると、バショウカジキを横切り尾ビレアタックをくり出した！跳ね飛ばされるバショウカジキ。

③ ふっ飛ばされたスピードを味方につけ海上高く飛びあがると、今度は人魚姫の急所をめがけて急降下する。けれども華麗な体さばきでツノをかわした人魚姫。

特殊能力
高速ランス
高速で泳ぎ、長い吻で急所をピンポイントで貫く。

特殊能力
海の姫
海の野生動物が味方につきやすい。

④ 怒り心頭で再び高速でむかってくるバショウカジキを誘いこむように、人魚姫は入り組んだ岩場へと必死で泳ぐ。そのとき、近くに潜んでいたタコが墨を噴射！目標を見失ったカジキは、そのまま岩に衝突してダウンとなった。

人魚姫の勝利

#15 アノマロカリス

絶滅生物（ぜつめつせいぶつ）

攻撃（こうげき）
B

テクニック A ⊕ A 防御（ぼうぎょ）

B A
体力（たいりょく） スピード

バトルスタイル

触手でひっかく（しょくしゅ）	75
トゲかみつき	80
バトルサーチ	??

特殊能力（とくしゅのうりょく）

レーダーアイ

視力が抜群によい。（しりょく ばつぐん）

絶対敵を見逃さないスーパー捕食者（ぜったいてき み のが ほしょくしゃ）

５億年前のカンブリア紀の海で、生き物の頂点に君臨し（おくねんまえ うみ い もの ちょうてん くんりん）た節足動物。飛び出た目は360度を見ることができ、（せっそくどうぶつ と だ め ど み）視野の広さを武器とする。簡単に相手を発見し、絶対に（しや ひろ ぶき かんたん あいて はっけん ぜったい）逃さない戦い方が光る。２本の触手には無数のカギヅメ（のが たたか かた ひか ほん しょくしゅ むすう）があり、ひっかき攻撃が痛い。トゲがある口も危険。（こうげき いた くち きけん）

#16 フライパンマス

幻獣・妖怪

攻撃
A

テクニック S　　B 防御

C　　A

体力　　スピード

バトルスタイル

アクロバティックスイム	85
フライパンガード	75
泥かけ	60

特殊能力

フライパンタックル

鉄製の尾で、相手の体にひびく一撃をあたえる。

尾のフライパン攻撃が痛い怪魚

アメリカの湖での目撃が噂される、フライパンを尾にもつ魚の怪物。常に腹を空かせており、どんな生物も鋭い歯で食らいつくす。フライパンは鉄製で頑丈。思い切り打ちつけたり、相手の攻撃を防いだりと万能だ。機動力も高く、トリッキーな角度からのフライパン打撃に注意だ。

バトル8

アノマロカリス vs フライパンマス

エリア▶ 海（うみ）
水温（すいおん）10度（ど）

① 海底（かいてい）すれすれに潜（ひそ）んでいたアノマロカリスが、
下（した）からフライパンマスに襲（おそ）いかかる！

② 二（ふた）つの触手（しょくしゅ）でがっちりつかむと、
フライパンマスの腹（はら）に鋭（するど）いキバをつきたてた！
流血（りゅうけつ）しながらも体（からだ）をひねり、なんとか攻撃（こうげき）から逃（のが）れるフライパンマス。

③ フライパンマスは砂地に体をこすりつけ視界を砂煙で覆う作戦で、アノマロカリスから距離を取った。しかし、砂煙のなかから、アノマロカリスの触手が容赦なくフライパンマスを再びとらえた!

特殊能力
レーダーアイ
視力が抜群によい。

特殊能力
フライパンタックル
鉄製の尾で、相手の体にひびく一撃をあたえる。

④
アノマロカリスの触手に巻き取られ、噛みちぎられたフライパンマスだったが、最後の力をふりしぼって、尾にあるフライパンを力の限りに叩きこんだ!アノマロカリスはしたたかに潰され一発 K.O。
※アノマロカリスの体はやわらかい。

フライパンマスの勝利

バトル 1

ホホジロザメ

モササウルス

ホホジロザメは連続攻撃でモササウルスを追いつめるが、モササウルスは強烈な尾ビレで反撃して、逆転勝利をはたす。

バトル 2

ホッキョクグマ

プレシオサウルス

海中ではプレシオサウルスが戦いを有利に進めたが、すきをついてホッキョクグマは陸上に上がり、KO勝利を決める。

バトル 3

イワトビペンギン

アーケロン

突然の大波で水中での戦いに。アーケロンは防御力の高さでイワトビペンギンの攻撃を封じて勝利。2回戦へ進出。

バトル 4

河童

シファクティヌス

河童は変化の術で背後を取り、怪力で押さえつけるが、シファクティヌスは反撃で頭の皿を割り、勝利をつかみとる。

水生生物の頂点を決める頂上決戦がついに開幕！　選手たちは強力なワザ、特殊能力、戦況に合わせた戦いのかけひきを使いこなして、勝利を目指す！

バトル 5

カモノハシ

VS

一寸法師

相手の攻撃をうまく防ぎ、一進一退の攻防を見せたが、体の軽さを生かした一寸法師の空中攻撃でカモノハシをしとめた。

バトル 6

ダイオウイカ

VS

クラーケン

ダイオウイカが先制攻撃に成功するも、クラーケンが８本の剛腕で戦いを有利に進め、伝説の海中決戦を制した。

バトル 7

バショウカジキ

VS

人魚姫

バショウカジキはスピードを生かして攻めるも優位をとれず、人魚姫の地形を生かした反撃で、バショウカジキは自滅！

バトル 8

アノマロカリス

VS

フライパンマス

アノマロカリスが一方的に攻める展開になるが、フライパンマスの反撃が見事に決まって辛くも勝利。１回戦を突破。

次はBブロック１回戦が始まる！

#17 ナイルワニ

攻撃（こうげき）
Ａ

テクニック Ａ　　Ａ 防御（ぼうぎょ）

Ｂ　　Ｂ
体力（たいりょく）　スピード

バトルスタイル

かみくだく	95
しっぽムチ	75
のしかかる	80

特殊能力（とくしゅのうりょく）

デスロール

体（からだ）を高速回転（こうそくかいてん）させて、相手（あいて）に大（だい）ダメージをあたえる。

待ち伏せと噛みつきが恐怖の巨大ワニ

アフリカの川（かわ）や沼（ぬま）に住（す）む、全長（ぜんちょう）６ｍを超（こ）える最大級（さいだいきゅう）にして、最（もっと）も危険（きけん）なワニ。水中（すいちゅう）にひそみ、鋭（するど）い歯（は）ととがったカギヅメで、目（め）の前（まえ）を通（とお）るどんな相手（あいて）にも襲（おそ）いかかり、生（い）き物（もの）最強（さいきょう）の噛（か）む力（ちから）で相手（あいて）を逃（のが）さない。辛抱強（しんぼうづよ）い超攻撃（ちょうこうげき）型（がた）のファイターだ。長（なが）い尾（お）の一撃（いちげき）にも注意（ちゅうい）が必要（ひつよう）だ。

#18 ペラゴルニス・サンデルシ

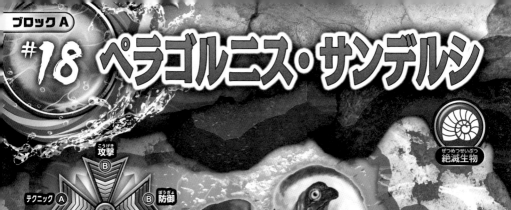

攻撃
B

テクニック A　　B 防御

A　　A
体力　　スピード

絶滅生物

バトルスタイル

クチバシ突き	80
ふき飛ばす	70
風グライダー	??

特殊能力
急降下アタック

空高く舞い上がり、急降下で相手に攻撃。

急降下するくちばしが危険な史上最大の鳥

新第三紀のおわり250万年前まで、海上の空を支配した史上最大の鳥。広げると幅7mになる翼をもっていた。海面すれすれをグライダーのように飛び、鋭く長いクチバシで急降下攻撃をしかける空中戦が得意戦法だ。強い風がないと飛び上がれないため、とっさに飛べないのが弱点。

エリア▶海岸
水温 30度

陸と空の戦い！勝敗をわけるのは渾身の一撃

ナイルワニ vs ペラゴルニス・サンデルシ

① バトル開始早々、ペラゴルニス・サンデルシは崖から滑空し、一気にナイルワニの目を狙って急降下。鋭いクチバシに驚いたナイルワニは、とっさに海中深く身を隠した。

特殊能力
急降下アタック
空高く舞い上がり、急降下で相手に攻撃。

※ワニは水中でも視界がぼやけることはない。

② 海面すれすれを飛行するペラゴルニス・サンデルシの片翼に、ナイルワニが海中から狙いすまして襲いかかる！

③ 腹部に激しい裂傷を受けたペラゴルニス・サンデルシは大ピンチに。
けれども突然吹き荒れた気流に乗って、なんとか回避。

ビュウ

④ 痛みにたえながらも、ふたたび上昇気流を味方につけた
ペラゴルニス・サンデルシが海面へと急降下アタック！
が、身構えていたナイルワニが渾身のテールアタックを
お見舞いした！

スカァ

バシッ

ナイルワニの
勝利

※ペラゴルニス・サンデルシは現在の鳥のように翼の力で
飛ぶのではなく、上昇気流に乗らないと飛べなかったので、
自力で回避することができなかった。

#19 カバ

地球生物
ち きゅうせいぶつ

攻撃
こうげき

A

テクニック B
A 防御
ぼうぎょ

B B
体力
たいりょく
スピード

バトルスタイル

かみくだく	90
後ろげり	80
メガトンアタック	90

特殊能力

うんちクラッシュ

うんちを散らすことで、相手の戦意を喪失させる。

おこると止められない肉弾戦車

カバはほぼ1日を水中で暮らす草食動物。ふだんはおとなしいが、なわばりに侵入した相手には見境なく攻撃をしかけ、一度おこったら、とことん追いつめる。巨大な犬歯での噛みつき攻撃と、防御力の高いぶあつい脂肪をもち、走るのも泳ぐのも意外と速い。攻守に優れたファイターだ。

#20 フック船長

物語

攻撃
A

テクニック A　　B 防御

A　　C
体力　　スピード

バトルスタイル

海賊の剣	80
フックアタック	??
船へ避難	70

特殊能力

ウエポン・アーム

右手は付け替え式になっていて様々な武器を使用できる。

おそろしいフックをつけた海賊船長

童話『ピーター・パン』に登場する悪者で、鉄のフックの義手をつけた海賊の船長は、復讐に燃える危険な人物だ。邪魔する敵は、毒を盛る、だまし討ちをしかけるなど、容赦しない。剣の名手でもあり、毒ヅメなど武器がつけ替えられる義手とあわせて、予測不能なワザをくり出す。

力と知恵の攻防戦！

バトル10 カバ VS フック船長

エリア ▶ 海
水温 10度

① カバは先手必勝とばかりに大きな体で船に体当たりをかます！フック船長は船にしがみつくも、たまらず海へとほうり投げられてしまった。

※カバは縄張り意識が強く、テリトリーに入った者には容赦しない。

特殊能力

ウエポン・アーム

右手は付け替え式になっていて様々な武器を使用できる。

② しかし、フック船長は隠していたパラシュートを開き宙を舞った！さらに上空から、カバ目がけて空気砲を放つ！

③ フックの空気砲の威力に、カバはひるんでしまう。そのすきに、フックは右手を毒ヅメに取りかえて、カバの背中に深々とつき刺した！

※カバの皮膚は乾燥に弱い。そのため普段は水や泥の中ですごし、肌を保湿している。

※カバの皮膚はとても丈夫で、もっとも厚い部分では約5cmに達することもある。そのため、フックの毒は届かなかった。

④ フックの勝利かと思われたその時、カバは思いっきりフックに頭突きをくらわした。巨体の強力アタックを受け、フックはダウン！

カバの勝利

#21 アンスロポルニス

絶滅生物

攻撃 B
テクニック A — B 防御
体力 A — B スピード

バトルスタイル

ペタペタ突進	65
フリッパーアタック	85
ドリルアタック	80

特殊能力

スイマー

小回りの利く泳ぎで、敵の攻撃を華麗によける。

かたい翼に要注意な巨大ペンギン

古第三紀中期（4500〜3300万年前）の南極にすんだ、人間の大人と同じサイズの巨大ペンギン。かたい板のような翼フリッパーと足ヒレで、水中を自由自在に泳ぎ回り、いろいろな角度から攻撃をしかける。翼の打撃と長いくちばし攻撃に注意だ。太陽で自分の位置を把握する能力ももつ。

#22 ビーバー

地球生物

攻撃 B
テクニック S
B 防御
体力 A
B スピード

バトルスタイル

ドリル前歯	75
おなら	80
ツメでひっかく	75

特殊能力

ビーバークラフト
器用な手先で、ダムや家をつくることができる。

大木をかじり倒す前歯が危険な獣

手先が器用で、木や泥を使って住みやすい家を整備する愛らしい動物だが、大きな前歯と強いアゴは大木をかじり倒すほどの破壊力をもつ。自分の家への侵入者に容赦のない攻撃をする暴れファイターで、鋭いツメ、大きな尾にも要注意。泳ぎが得意で、最大15分間の潜水が可能だ。

エリア▶南極（なんきょく）☀
水温（すいおん） -2度（ど）

一進一退、実力拮抗の氷上バトル！
（いっしんいったい、じつりょくきっこうのひょうじょう）

アンスロポルニスvsビーバー

① 猛（もう）スピードで突進（とっしん）してきたアンスロポルニスを、尻尾（しっぽ）アタックでお返（かえ）しするビーバー！両者一歩（りょうしゃいっぽ）も引（ひ）かず。

※ビーバーのしっぽは硬（かた）く、平（ひら）べったい形（かたち）をしている。水面（すいめん）を叩（たた）いて仲間（なかま）に危険（きけん）を知（し）らせたり、泳（およ）ぐときの舵（かじ）の役割（やくわり）を果（は）たしている。

② アンスロポルニスは深（ふか）く潜（もぐ）って体勢（たいせい）を変（か）え、ビーバーにむかって再突進（さいとっしん）。だが、ビーバーも負（ま）けじと潜水（せんすい）して攻撃（こうげき）をよけると、素早（すばや）く海藻（かいそう）や木（き）の枝（えだ）を拾（ひろ）い集（あつ）めて何（なに）かを作（つく）りはじめた。

③ ビーバーを追って飛びこんできたアンスロポルニスの体に、枝で作られたトゲトゲのバリケードがつき刺さる！アンスロポルニスは大ダメージ！

※海藻のカーテンをつけることで、バリケードの存在をうまく隠していたのだ。

グサッ
グサッ

特殊能力

ビーバークラフト

器用な手先で、ダムや家をつくることができる。

④ 氷上に避難したアンスロポルニスを追って、ビーバーが海中から頭突きで氷を割って飛びだしてきた。だが、待ちかまえていたアンスロポルニスの大きな翼がビーバーの顔面にクリーンヒット！

ビタン

※ビーバーは氷を頭突きで割れる。

※ペンギンの翼は硬く、アンスロポルニスのような巨体の翼で叩かれれば人間が骨折するほどの威力がある。

アンスロポルニスの勝利

#23 マダコ

地球生物
<small>ちきゅうせいぶつ</small>

バトルスタイル

しめつけ	88
スミえんまく	70
毒撃	80

特殊能力

フシギな体
<small>からだ</small>

切断されたうでやあしも
動かすことができる。
<small>せつだん</small>
<small>うご</small>

攻撃
<small>こうげき</small>

B

テクニック A　　A 防御
<small>ぼうぎょ</small>

B　　　B

体力　　スピード
<small>たいりょく</small>

つねに敵の先手をとる海の頭脳王
<small>てき　せんて　　うみ　ずのう　おう</small>

風船のような大きな頭と8本のうでをもつマダコは、攻防
<small>ふうせん　　　　おお　　あたま　　ほん　　　　　　　　　　　　　こうぼう</small>
テクニックが多彩なファイターだ。吸盤をもつ腕でからみ
<small>たさい　　　　　　　　　　　きゅうばん　　うで</small>
つき、噛みついて毒を注入する。ピンチでは腕を自ら切
<small>か　　　　　どく　ちゅうにゅう　　　　　　　　　うで　みずか　せつ</small>
断し、岩のすき間に潜り、風景にとけこむ擬態で身をかく
<small>だん　いわ　　　ま　もぐ　　ふうけい　　　　　　　ぎたい　み</small>
す。目くらましの墨も使う、つねに先手をとる頭脳派だ。
<small>め　　　　　　すみ　つか　　　　　　せんて　　　ずのうは</small>

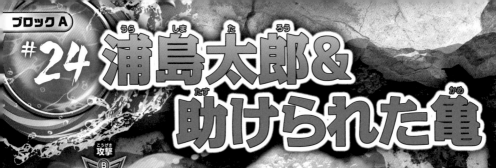

#24 浦島太郎&助けられた亀

攻撃

B

テクニック S ⬥ B 防御

B A
体力 スピード

物語

バトルスタイル

釣りあげる（浦）	75
かみつき（亀）	80
コンビアタック	??

特殊能力
命の恩人

浦島太郎の大ピンチ時、亀は実力以上の力を出す。

敵を翻弄する浦島と亀のコンビアタック

昔話『浦島太郎』に登場する漁師とウミガメ。ピンチを助けた浦島は、ウミガメに乗って竜宮城へ向かう途中、今大会に巻きこまれた。浦島太郎は釣り道具を武器に、ウミガメは噛みつきや体あたりを武器に戦いに挑む。息の合った連携プレイで相手を翻弄し、一撃を狙う戦い方が強力だ。

ピンチをチャンスに変えたのは!?

バトル12 マダコ vs 浦島太郎&助けられた亀

エリア ▶ 海
水温 15度

①

バトル開始直後、亀の背に乗り攻撃をしかける浦島太郎。
マダコはなんとか攻撃をかわし、墨をはいて岩場の影に身を隠す。

※マダコの墨は海中によく広がり、
視界を隠すのに好都合。

※マダコの唾液にはチラミン・
セファロトキシンという毒がふくまれており、
痛み、腫れ、麻痺を引き起こす。

特殊能力

フシギな体
切断された腕やあしも
動かすことができる。

②

墨で視界をさえぎられた浦島太郎に近づいたマダコは、
8本のあしで顔面にはりつき毒を注入。浦島はもっていた
釣り用の小刀で必死に足を切るも、切られた足はなかなか離れない。

③

亀の背に乗り距離を取る浦島に、マダコはジェット噴射で追いつきヘッドアタック！
毒が効いてきた浦島は亀の背から振り落とされてしまった。

※タコは吸いこんだ海水を後ろに噴きだして、ジェット噴射のように泳ぐ。

④

とどめを刺そうとしたマダコに亀が体当たりをかましてギリギリで救出！
そのまま亀がマダコの頭に噛みつき、あまりの痛みにマダコがたまらずギブアップ！

※ウミガメにはクチバシがあり、噛む力がとても強い。

※亀は甲羅にまもられ、毒は効かなかった。

浦島太郎＆助けられた亀の勝利

#25 蟹坊主

幻獣・妖怪

攻撃 A

テクニック A　　A 防御

B 体力　　C スピード

バトルスタイル

ハサミ地獄	90
サイドタックル	90
泡をふく	65

特殊能力
霊力ハサミ

ハサミではさんだ相手の生命力をうばう。

危険なハサミをあやつる巨大カニ

全長4mのカニの化け物。寺で住職や旅の僧にクイズをしかけることから「蟹坊主」と呼ぶ。大きなハサミはどんな相手をもたやすく切り刻み、岩のようにかたい打撃も危険だ。甲羅は頑丈で攻撃をはねかえす。横へのフットワークですばやく攻撃をかわしてのカウンターにも注意だ。

#26 ピラニア

地球生物

攻撃 B

テクニック A　C 防御

体力 B　B スピード

バトルスタイル

カミソリ歯	75
ヘッドアタック	55
チームアタック	95

特殊能力
血の凶暴モード

血のにおいをかぐと凶暴になり、攻撃力がアップ。

血のにおいで荒れくるう凶暴集団

ピラニアは臆病な性格で、群れで生活しているが、血のにおいをかぐとたちまち凶暴化。あらそうように集団で相手に襲いかかる。サイズは大きくないが、歯はカミソリのように鋭い。血のにおいをわずかでもかぎつけ、一度凶暴化すると、相手を倒すまで、攻撃を止めない。

追いつめられたのは果たしてどちらか!?

バトル13 ピラニア vs 蟹坊主

エリア ▶ 川
水温 14度

① ピラニアは数の優位で、蟹坊主の
前後左右から叩きこむように襲いかかる!

特殊能力
とくしゅのうりょく

霊力ハサミ
れいりょく

ハサミではさんだ相手の
生命力をうばう。

② 怒りの形相で両手のハサミを振り上げ応戦する蟹坊主。
ピラニアの体を次々と打ち砕いていく。

③ 仲間の犠牲により戦意を喪失するかと思いきや、凶暴モードになった
ピラニアはひるむことなく総攻撃をくりだす！

特殊能力

血の凶暴モード

血のにおいをかぐと凶暴にな
り、攻撃力がアップ。

④ だがピラニアの鋭い歯でも蟹坊主の硬い甲羅を
破ることができず、猛スピードの体当たり攻撃を
くり返すも、スクリューのようにぶん回された鋭い
ハサミ攻撃にたえられず、ピラニアはとうとう逃げ出した！

**蟹坊主の
勝利**

#27 ヤエケロプテルス

絶滅生物

攻撃
B

テクニック A　　A 防御

B　　B
体力　　スピード

バトルスタイル

ハサミではさむ	75
しめつける	60
尾びれアタック	75

特殊能力

砂がくれ

海底にいると、相手からみつけられにくい。

敵をくだく巨大なハサミに気をつけろ！

約4億年前のデボン紀の海で生き物の頂点に立っていた、全長2m超のウミサソリ。相手をとらえ、トゲのついた大きなハサミを駆使して戦う。機動力も高く、たくさんの脚とパドルのような尾を使い、水底と水中をすばやく動く。視野の広い目をもつ点も注目したいところ。

#28 イッカク

地球生物

攻撃

テクニック B ・ A 防御

A ・ B
体力　スピード

バトルスタイル

ドリル突進	90
ツノブレード	85
深海潜水	??

特殊能力

イッカクサーチ

するどく伸びるツノを使って、周囲の状況をサーチ。

自在にツノをあやつる海の剣士

「海のユニコーン」と呼ばれるクジラの仲間で、最大の武器は3mにもなる長いツノ。実は歯がするどく伸びたものだ。相手につきさしたり、たたいて相手を失神させたりする凶器となるほか、まわりの情報を調べるセンサーにもなる。潜水が得意で、深さ1kmを超えて潜ることができる。

現代（げんだい）と古代（こだい）がぶつかり合う！特性（とくせい）を生（い）かして勝利（しょうり）を目指（めざ）せ。

ヤエケロプテルス VS イッカク

エリア ▶ 海底（かいてい）
水温（すいおん） **0度（ど）**

① 水底（みずぞこ）の砂（すな）に体（からだ）を隠（かく）しチャンスを
うかがうヤエケロプテルス。
すぐ上（うえ）を泳（およ）ぐイッカクの腹（はら）を狙（ねら）って飛（と）び上（あ）がる。

特殊能力（とくしゅのうりょく）
砂（すな）がくれ

海底（かいてい）にいると、相手（あいて）から
見（み）つけられにくい。

特殊能力（とくしゅのうりょく）
イッカクサーチ

するどく伸（の）びるツノを使（つか）って、
周囲（しゅうい）の状況（じょうきょう）をサーチ。

② だが事前（じぜん）に察知（さっち）していたイッカクは俊敏（しゅんびん）な動（うご）きで攻撃（こうげき）をかわした。
再（ふたた）び砂（すな）に隠（かく）れようとしたヤエケロプテルスに長（なが）いツノをつき立（た）てる！

3 しかしヤエケロプテルスも体をひねってギリギリでツノを回避。同時に、大きなツメでイッカクのツノをがっちりホールド。もう片方のツメでイッカクの鼻先をはさんで離さない！

※イッカクは潜水が得意。8〜10分間で1000mの深海に達することができる。

4 痛みにたえつつ、イッカクは潜水をはじめた。急激な水圧の変化にたまらず、ヤエケロプテルスのツメが離れる。そのすきを逃さず、イッカクはツノでヤエケロプテルスをつらぬいた！

イッカクの勝利

#29 ダツ

地球生物

攻撃
B

テクニック A ⬦ C 防御

B S
体力 スピード

バトルスタイル

レーザーアタック	90
かみつく	45
光で総攻撃	??

特殊能力
光のパワー

光を見ると凶暴化し攻撃力がアップする。

光を突き抜けるミサイルフィッシュ

針のように細長い魚で、獲物となる魚の鱗が反射した光を目印に狩りをする。時速60kmの超スピードで突撃し、鋭くとがった口先を相手の体につきさす。光に向かって飛び出すので、夜の海面にライトを照らすのは危険だ。群れごと突撃する一斉攻撃は強力な破壊力をもつ。

#30 舟幽霊

幻獣・妖怪

攻撃 B
テクニック A
防御 B
体力 B
スピード A

バトルスタイル

柄杓スイング	65
舟で突撃	85
霊力増幅	??

特殊能力

波すべり

海が荒れるほど、舟の攻撃の威力は高くなる。

出会ったものを海に沈める幽霊船

人の姿をした幽霊が乗る船。まわりに鬼火をただよわせ、出会ったものを海で溺れさせ、仲間に引きこもうとしてくる。手にもった柄杓で叩く、巨大な姿で体あたりなど攻撃はシンプルだが、鬼火の光や音で相手を惑わせて、岩などに激突させる幻覚攻撃もくり出してくる。

73

バトル15

あやしい鬼火が導く勝敗！

ダツ vs 舟幽霊

エリア ▶ 海峡（かいきょう） ☀

水温（すいおん） 18度（ど）

ひぇぇ

ギュ

特殊能力（とくしゅのうりょく）

光のパワー（ひかり）

光（ひかり）を見（み）ると凶暴化（きょうぼうか）し攻撃力（こうげきりょく）がアップする。

① 月明（つきあ）かりのなか、鬼火（おにび）をかかげていた舟幽霊（ふなゆうれい）に、ダツがスピードアタックで先制攻撃（せんせいこうげき）！

※鬼火（おにび）は、空中（くうちゅう）に浮（う）かぶ正体不明（しょうたいふめい）の火（ひ）の玉（たま）。人間（にんげん）や動物（どうぶつ）の怨念（おんねん）ともいわれている。

※ダツは光（ひかり）に反応（はんのう）して突進（とっしん）する性質（せいしつ）がある。

※舟幽霊（ふなゆうれい）は舟（ふね）をしずめるほど巨大（きょだい）な姿（すがた）になることもあると言（い）われている。

ワオォォ

バリ

② 舟幽霊（ふなゆうれい）は、負（ま）けじと手（て）にした柄杓（ひしゃく）で応戦（おうせん）。ダツの長（なが）い体（からだ）をたたきまくる。興奮（こうふん）した舟幽霊（ふなゆうれい）は霊力（れいりょく）を高（たか）め、みるみるうちに巨大（きょだい）になっていく。

③ ダツはすきを見て鋭い歯で噛みつくも、弱っていたせいで舟幽霊の着物のすそを噛みちぎるだけで終わってしまった。とどめをさそうと、舟幽霊がダツ目がけて柄杓を振りかぶる！

ぎゅん

※舟幽霊は霊力を高めたため、鬼火と呼ばれる光を夜の海上にたくさん呼び寄せてしまっていたのだ。

ボスッ

グサッ

グサッ

④ だがその瞬間、光につられた大量のダツが飛びだしてきた。次々と柄杓にぶつかり貫通させる。さらに鬼火がまさかの舟に着火！舟幽霊は鎮火をはかるも、柄杓に穴があいていたため水をくめず！

ダツの勝利

#31 コモドドラゴン

こうげき
攻撃　Ａ

テクニック　Ｂ

Ａ　ぼうぎょ
防御

Ｂ

Ｂ

たいりょく
体力

スピード

バトルスタイル

どく
毒のキバ	85
ツメクロー	80
しっぽムチ	85

特殊能力

ダブルシールド

じょうぶ　きんにく　うえ
丈夫な筋肉の上にかたい
うろこ　　　　　　　てっぺき
鱗があり、鉄壁ガード。

水陸での攻防に優れる万能な巨大トカゲ

インドネシアのコモド島に住む全長３ｍのオオトカゲ。巨体だが足が速く、木に登れ、水中も泳げるなど、高い身体能力を生かして戦いを有利に進める。あしのツメ、強大な尾、のこぎり状の歯を使った攻撃が強烈だが、防御力も高く、体をおおう骨でできた皮骨が鎧のように頑丈だ。

#32 ヴォジャノーイ

幻獣・妖怪

攻撃 B

テクニック A

B 防御

体力 B

スピード A

バトルスタイル

ジャンプ斬り	85
魚ライド	70
水中斬り	85

特殊能力

擬態

体を変化させることができ、姿をかくすことができる。

怒るとこわいカエル顔の魚の王

スラブ民族の神話に登場する水の精。カエルの顔と老人のヒゲをたくわえ、マントを着た剣士の姿をしているが、巨人、大魚、木などさまざまな姿に変身できる。魚の世界を支配しており、魚をあやつり、乗って移動できる。怒ると生き物を水中に引きずりこみ、溺れさせることも…。

77

コモド島の支配者と魚の支配者対決！ 必殺技が決め手となるか!?

コモドドラゴンvsヴォジャノーイ

エリア▶ 沼

水温 13度

① コモドドラゴンがヴォジャノーイに狙いすまして猛ダッシュするも、ヴォジャノーイは水をあやつり華麗にジャンプ！ コモドドラゴンの背に乗った。

※コモドドラゴンは時速20kmで走ることができる。

② 振りほどこうと暴れるコモドドラゴンの視界をマントでふさぎ、剣をつき立てるヴォジャノーイ。

❸ 鉄壁ガードで剣を防いだコモドドラゴンが、強靭な尻尾で反撃に転じる。
直撃を受けたヴォジャノーイはふっ飛ばされてしまった。

特殊能力

ダブルシールド

丈夫な筋肉の上にかたい
鱗があり、鉄壁ガード。

特殊能力

擬態

体を変化させることができ、
姿を隠すことができる。

※コモドドラゴンの唯一の
弱点は鼻と首。

❹
追いかけてきたコモドドラゴンが樹木に
引っ掛かっていたヴォジャノーイに近づいた瞬間、
近くの岩に変化していたヴォジャノーイが
コモドドラゴンの鼻先に剣を振りおろした！

ヴォジャノーイの
勝利

バトル 9

ナイルワニ

VS

ペラゴルニス・サンデルシ

空中からのペラゴルニスの急降下と、海中からのナイルワニの尾の一撃。後者が、この陸と海の戦いを制し、2回戦進出。

バトル 10

カバ

VS

フック船長

フック船長は義手を使った多彩な攻撃でカバを追いつめるが、逆転の頭突きをくらいカバ勝利！ カバが1回戦を突破した。

バトル 11

アンスロポルニス

VS

ビーバー

両者の戦いは激しい打撃戦に。ビーバーはバリケードで有利を得るも、アンスロポルニスが渾身の打撃を与えて勝利。

バトル 12

マダコ

VS

浦島太郎&助けられた亀

マダコの毒にピンチにおちいる浦島太郎。しかしウミガメのサポートが間に合い、ギブアップ勝ちを得て、2回戦に進出。

Aブロックに続き、Bブロックでも戦いの火ぶたが切って落とされた！
いろいろな戦い方で勝利を目指す、選手たちの激しい戦いを見逃すな！

バトル 13

蟹坊主 VS ピラニア

ピラニアはくりかえし攻撃をしかけるも、蟹坊主にダメージを与えられず、蟹坊主のハサミ攻撃の前に逃走。蟹坊主勝利！

バトル 14

ヤエケロプテルス VS イッカク

両者が激しく攻撃し合う展開のあと、海中でのがまん比べに。ヤエケロプテルスはたえ切れず、イッカクが勝利をおさめる。

バトル 15

ダツ VS 舟幽霊

巨大化した舟幽霊が優勢となったが、ダツのいっせい突撃を呼び寄せてしまう。ダツは武器の柄杓を壊し、見事逆転勝利。

バトル 16

コモドドラゴン VS ヴォジャノーイ

ヴォジャノーイは防御力の高いコモドドラゴンに手を焼くが、すきをみてコモドドラゴンの弱点をつき、1回戦を突破。

次はAブロック2回戦が始まる！

ピックアップ①
バショウカジキ

バショウカジキは狩りの達人

バショウカジキの長くつき出た吻は、狩りに使われるものだ。

バショウカジキは仲間と協力して狩りを行う。大きな背ビレを広げ、獲物となる魚の群れをおどろかせながら、包囲して水面に追いつめる。そして、群れの中に長い吻を差しこみ、横なぐりに魚を叩いて弱らせる。その攻撃をくり返して、どんどん獲物を弱らせ、しとめていくのだ。

魚の群れを狙うバショウカジキ。吻のスイングスピードはとても速く、ねらわれた魚はよけられない。

背ビレの形が名前の由来

バショウは高さ4mほどに成長する大きな植物だ。

バショウカジキの名前は、大きな背ビレの形がバショウの葉に似ていることに由来する。バショウとは、長さ2mほどの楕円形の葉をつけ、バナナのような果実をつける植物だ。

ちなみに英語の名前は「セイルフィッシュ」。背ビレを立てて泳ぐ姿が、帆（セイル）をはって進む船に似ていることに由来する。

オキゴンドウ VS **モササウルス**
→P86

デイノスクス VS **ホッキョクグマ**
→P88

オオアナコンダ VS **アーケロン**
→P92

リヴィアタン・メルビレイ VS **シファクティヌス**
→P94

ナックラヴィー VS **一寸法師**（いっすんぼうし）
→P98

川天狗（かわてんぐ） VS **クラーケン**
→P100

セイレーン VS **人魚姫**（にんぎょひめ）
→P104

バトル開始！
2回戦（かいせん）
全16（ぜん）バトル

マッコウクジラ VS **フライパンマス**
→P106

メガロドン VS **ナイルワニ**
→P112

ダンクルオステウス VS **カバ**
→P114

セイウチ VS **アンスロポルニス**
→P118

シャチ VS **浦島太郎**（うらしまたろう）**＆助けられた亀**（たすけられたかめ）
→P120

シー・モンク VS **蟹坊主**（かにぼうず）
→P124

プールのジョー VS **イッカク**
→P126

海の魔女（人魚姫）（うみのまじょ・にんぎょひめ） VS **ダツ**
→P130

沙悟浄（さごじょう） VS **ヴォジャノーイ**
→P132

#33 オキゴンドウ

地球生物

攻撃
A

テクニック S ・ A 防御

A B
体力 スピード

バトルスタイル

メガトン頭突き	90
かみつき	85
スクリューアタック	90

特殊能力

エコロケーション

音の反響で相手の位置を特定できる。

高い知能で敵を追いつめる海の戦略家

体長6mほどの長くほっそりした、強大な歯をもつ肉食クジラ。知能が高く、状況をよく見て戦いを有利に進めるスマートなファイターだ。音波の反響を利用したエコロケーションで敵を見つけ、大きな頭での頭つきで大ダメージを与える。泳ぎも上手く、さらに潜水も大得意だ。

#34 デイノスクス

攻撃
S
テクニック B ── A 防御
B ── B
体力 スピード

バトルスタイル

かみつき	90
テイルアタック	85
デスロール	90

特殊能力
破壊のキバ

全力で噛みつくと、どんな相手でも貫き、二度と離さない。

恐竜を襲った最強＆最恐の巨大ワニ

白亜紀後期（8200〜7300万年前）に生きていた、体長10m超の巨大ワニ。恐竜を倒せるほどの戦闘力をもつ。必殺技は、強力なアゴと歯による噛みつきと体を回転させて敵を噛み切るデスロール。体をまもる硬い鱗のほか、頭突きと長いしっぽによる打撃も脅威だ。

体格差はひるがえせるのか!?

オキゴンドウ VS モササウルス

①

なかなか姿を見せないモササウルスに、高波をものともせずに潮をふいて挑発するオキゴンドウ。その下から、体を左右に蛇行させてモササウルスがゆっくりと忍びよる。

②

大きく口をあけて襲いかかったモササウルスに気づいたオキゴンドウが、間一髪、反対側へと急転回して逃げだした！ 猛スピードで岩場へと身を隠す。

③ だが、前回の戦いで荒ぶっているモササウルスは、体当たりで岩場を蹴散らしてしまった。頭突きで応戦するオキゴンドウだが、モササウルスに噛みつかれ激しく投げ飛ばされてしまう。

バゴッ

ガン

④ ふっ飛ばされた先に見えたのは海底洞窟の広い入り口だ。意を決して突入するオキゴンドウ。追いつかれるかと思ったその瞬間、真っ暗な洞窟の中にあった海中鍾乳洞にぶつかったモササウルスが激しくクラッシュ！

※オキゴンドウはエコロケーションで、事前に洞窟内の障害物などを感知していたのだ。

※オキゴンドウは哺乳類で、イルカより知能が高いという説もある。

※モササウルスは海生爬虫類で恐竜やトカゲに近い。

オキゴンドウの
勝利

バトル2

力と力のぶつかり合い！

デイノスクス VS ホッキョクグマ

エリア ▶ 北極
水温 -5度

① 先制攻撃とばかりにホッキョクグマが
ツメを振り上げた瞬間、デイノスクスが
ほとんど垂直に飛び出してきた！

※変温動物のデイノスクスは
寒さが苦手。気温20℃を
下回ると冬眠してしまう。

特殊能力

ベアクロー

するどいツメの一撃技で、
あたると大ダメージ。

② 間一髪でキバをよけたホッキョクグマのツメが、
デイノスクスをとらえ氷上に叩きつける。あまりの寒さで、
体を思うように動かすことができないデイノスクス。

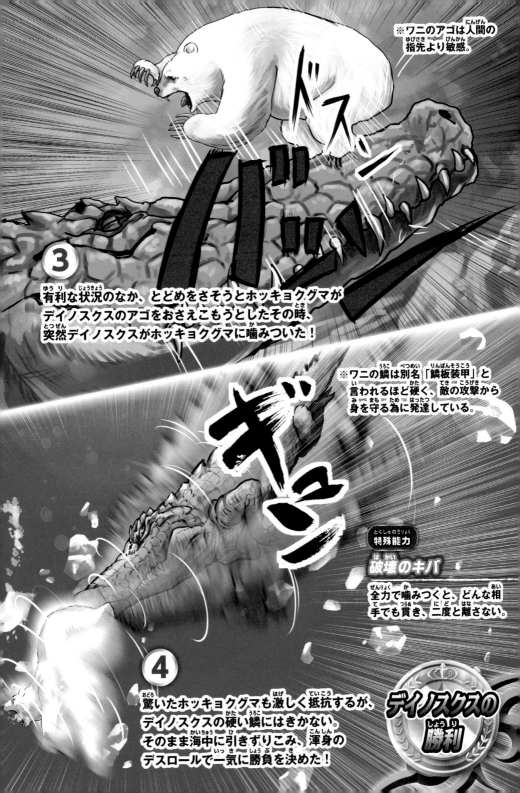

※ワニのアゴは人間の指先より敏感。

3
有利な状況のなか、とどめをさそうとホッキョクグマがデイノスクスのアゴをおさえこもうとしたその時、突然デイノスクスがホッキョクグマに噛みついた！

※ワニの鱗は別名「鱗板装甲」と言われるほど硬く、敵の攻撃から身を守る為に発達している。

特殊能力
破壊のキバ
全力で噛みつくと、どんな相手でも貫き、二度と離さない。

4
驚いたホッキョクグマも激しく抵抗するが、デイノスクスの硬い鱗にはきかない。そのまま海中に引きずりこみ、渾身のデスロールで一気に勝負を決めた！

デイノスクスの勝利

#35 オオアナコンダ

地球生物

攻撃
A

テクニック A

B 防御

A

B

体力

スピード

バトルスタイル

かみつき	75
しめつける	85
すべてを飲みこむ	90

特殊能力
水中殺法

海面に顔をだしたまま、水中で敵をしめ上げる。

長い体で敵をしめおとす世界最大のヘビ

南アメリカに住む世界最大のヘビ。胴回り30cm、体長10m超の体での巻きつき攻撃が決めワザだ。よく広がる口も強力な武器で、自分より大きな相手でも丸のみできる。待ち伏せて一気に試合を決めることができ、熱センサーのピット器官で、暗闇でも相手を見つけ出せる。

#36 リヴィアタン・メルビレイ

絶滅生物

攻撃

テクニック B ── A 防御

S
体力 スピード

バトルスタイル

水中ボディプレス	95
ギガトン頭突き	100
音波攻撃	75

特殊能力
大口

巨大な口で、相手をまるごとのみこむことができる。

噛みつきで海を制した大怪物クジラ

新第三紀中期（1300万〜1200万年前）に、海の捕食者の頂点に立った超巨大クジラ。どんなに大きな生き物でも襲うアグレッシブなファイターだ。上下に鋭い歯をもち、巨大な口での噛みつき攻撃が最大の武器だ。音波で敵の居場所を探知でき、かたい頭突きも強烈だ。

91

バトル3

勝敗を決めるのはスピードか力か…

オオアナコンダ VS アーケロン

エリア▶ 川 ☀
水温 **29**度

①

川辺を音もなくすすむオオアナコンダ。
息継ぎをしようと水面に上がってきた
アーケロンに狙いを定め、とぷんと静かに
水中に体を沈めて待ちぶせする。

※オオアナコンダは体が重く、陸上より
水中の方がなめらかに動ける。

特殊能力
甲羅ガード
甲羅の部分は
攻撃が効かない。

②

気配に気づかないアーケロンがゆっくりと頭を
持ち上げた瞬間、目前にせまったオオアナコンダが
一気にアーケロンへと襲いかかった！だが、
硬い甲羅はオオアナコンダのキバを通さない。

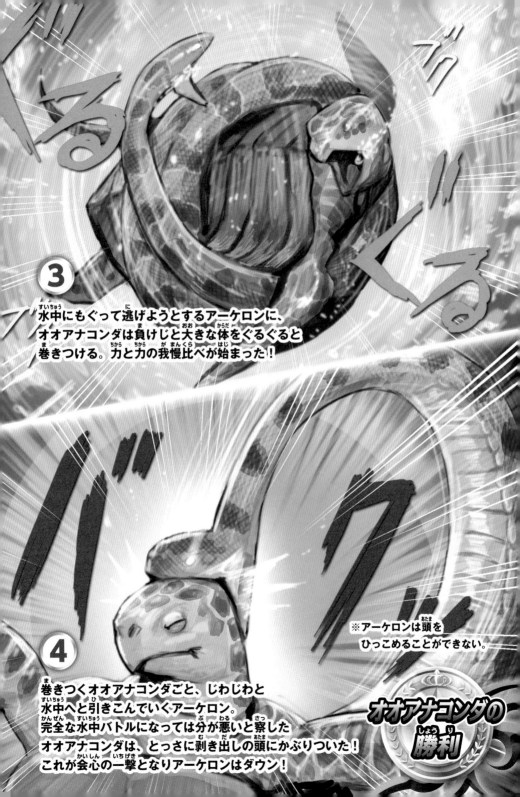

③

水中にもぐって逃げようとするアーケロンに、オオアナコンダは負けじと大きな体をぐるぐると巻きつける。力と力の我慢比べが始まった！

④

巻きつくオオアナコンダごと、じわじわと水中へと引きこんでいくアーケロン。完全な水中バトルになっては分が悪いと察したオオアナコンダは、とっさに剥き出しの頭にかぶりついた！これが会心の一撃となりアーケロンはダウン！

※アーケロンは頭をひっこめることができない。

オオアナコンダの勝利

エリア▶深海
水温 3度

海中のぶつかり合いの軍配は!?
リヴィアタン・メルビレイ vs シファクティヌス

① バトル開始早々、超スピードのシファクティヌスと巨体のリヴィアタン・メルビレイは、真正面から激しく頭と頭でぶつかり合った！互いに一歩も引かず、にらみつけたまま距離を取る。

※シファクティヌスは体格差をものともしない非常に獰猛な性格の硬骨魚。

② 素早く沈没船の裏に隠れて様子をうかがうシファクティヌスだったが、リヴィアタン・メルビレイは難なく見つけだし、巨大な口で一飲みにしようと迫る！

※リヴィアタン・メルビレイは音波探知能力が発達しており、相手の居場所を感じとることができる。

特殊能力

大口

巨大な口で、相手をまるごと飲みこむことができる。

3

万事休すと思われたが、シファクティヌスは
とっさに強靭なジャンプ力で飛び上がると、
全力で沈没船に体を打ちつけた！
突然海中に発生した衝撃波に驚いた
リヴィアタン・メルビレイの動きが
一瞬止まる。

4

起死回生とばかりに、シファクティヌスが強靭な顎で
噛みついた！だが、怒ったリヴィアタン・メルビレイが
再び巨大な口を開けて、シファクティヌスは
飲みこまれてしまった。

※リヴィアタン・メルビレイはものすごくぶあつい脂肪をもっている。

リヴィアタン・メルビレイの勝利

#37 ナックラヴィー

幻獣・妖怪

攻撃 Ⓐ

テクニック Ⓐ　　Ⓑ 防御

Ⓑ　　Ⓐ

体力　　スピード

バトルスタイル

悪魔の剣	85
ウマのかみつき	80
毒の息	90

特殊能力

シーポイズン

毒をはき、水中の相手を窒息させる。

海の悪魔の毒息をあびてはいけない

スコットランドに伝わる半人半馬の「海の悪魔」。炎のような赤い目、毛も皮膚もない肉をむき出しにした恐ろしい姿をしている。作物を枯れさせ、生き物を死にいたらしめる毒息が非常に危険。人間部分の攻撃以外に、馬の噛みつき攻撃に要注意だ。真水に弱いという弱点をもつ。

#38 川天狗

幻獣・妖怪

攻撃
A
テクニック A　　B 防御
A　　B
体力　　スピード

バトルスタイル

団扇ブレード	85
正拳突き	85
下駄蹴り	60

特殊能力
天狗の団扇
強力な神通力で、フィールドの天候を変化させる。

多彩なワザで敵を翻弄する川の妖怪

水辺に住む顔が赤くて鼻が高い天狗。怪力にまかせた戦い方が得意だが、背中の翼で飛び回りながらの攻撃や、葉団扇で防御したり、大風や大波をおこしたりと、多彩なワザをもつテクニカルなファイター。釣りの腕は名人級で、釣り竿を使った意表をつく攻撃をすることも。

知恵は妖魔に対抗できるか!?

バトル5

ナックラヴィー VS 一寸法師

エリア ▶ 沼地
水温 10度

ズヴァァァ

①

水面を、半身半馬のナックラヴィーは軽快なスピードで迫りくる。
フードを被った燃えるような赤い体から、一寸法師は
小さな体を生かして、水草の影に素早く隠れる。

ゴソッ

※一寸法師は水草のなかに
打ち出のこづちを隠していた。

特殊能力

打ち出のこづち

振るといろんな道具が出てく
る。体も大きくできる。

!?

②

姿を見失ったナックラヴィーは、すかさず毒をはいて
ダウンを狙おうと大きく息を吸いこんだ。これで早くも試合終了かと
思いきや、水草から大きくなった一寸法師が飛びだしてきた！

③ ナックラヴィーの剣を刀で受け流し、さらにこづちで出した淡水のタルを投げつける！ナックラヴィーは大ダメージを受け、動けなくなってしまった。

※ナックラヴィーは肉体がむきだしになっており、淡水が苦手。

※上半身はフードをかぶっていたため淡水による致命傷を避けられていたが、倒されたフリをしていたのだ。

④ 刀でとどめを刺そうと近づいた一寸法師の顔面に、突然ナックラヴィーが顔を上げて毒をはいた。正面から毒を受け、一寸法師はたまらずダウン！

ナックラヴィーの勝利

バトル6

圧倒的な力の差！勝利の女神はどちらに微笑む!?

川天狗 VS クラーケン

エリア▶ 海
水温 10度

① 木船で波にゆられていた川天狗へ、クラーケンは大量の鯖を投げつけた！

※天狗は鯖を嫌うという伝説がある。

特殊能力

渦巻

水中にて渦巻を発生させる。

② 団扇で風を起こし防いだ川天狗だったが、クラーケンの長い触腕が絡みつく。さらに大渦を発生させながら、川天狗を締め上げて海中へと引きずりこんでいく。

※天狗の団扇は強力な風を起こすことができる。

③ なんとか逃げようとする川天狗に、するどいクチバシで噛みつくクラーケン。川天狗の体からみるみる力がぬけていく。

※タコはクチバシから毒液を注入して、獲物を弱らせる。

特殊能力

天狗の団扇

強力な神通力で、フィールドの天候を変化させる。

※タコの唯一の弱点は真水である。

④ しかし最後の力を振り絞った川天狗は、再び団扇で天空から雷雨を呼びよせた！大雨にさらされたクラーケンはダウン。毒が回った川天狗と相打ちかと思われたが、解毒薬を飲んだ川天狗がギリギリで勝利を収めた。

川天狗の勝利

#39 セイレーン

幻獣・妖怪

攻撃 A
テクニック A
防御 B
体力 B
スピード A

バトルスタイル

尾ブレード	80
巻きつく	80
きりさく	85

特殊能力
魅惑の歌声

美しい歌声で、相手を混乱
状態にする。

死へといざなう歌声をもつ海の怪物

ギリシア神話に登場する上半身が女性、下半身が魚の姿
をした怪物。美しい歌声で船乗りを誘惑して危険な場所
におびきよせ、船を難破させてきた。メインの武器は歌声
で、聞いた相手の頭を混乱させて、意のままに操ることが
できる。接近戦では、長い尾ビレによる攻撃がとても痛い。

#40 マッコウクジラ

地球生物

攻撃 A
テクニック A　A 防御
体力 S　B スピード

バトルスタイル

潮吹き	80
かぶりつく	95
水中ボディプレス	95

特殊能力

サウンドウェーブ

超強力な音波で遠隔攻撃ができる。

体あたりさえ超破壊力をもつ超重量級クジラ

体長18m、体重50 t、尾ビレの横幅が5mを超える巨大なクジラ。巨体をいかした体あたりや尾びれの一撃が、とんでもない破壊力をもつ超重量級クラッシャーだ。音波を発して相手を気絶させ、マヒさせるというワザをもつ。90分間息を止めて、1000mを超える潜水も可能だ。

103

美と凶の対峙、女同士の激しいバトル！

バトル7 セイレーンvs人魚姫

エリア▶ 海 ☀

水温 18度

①セイレーンは先手必勝、長い尾ビレで人魚姫をしたたかにうちつけた！

※セイレーンは自在に動かすことのできる二股に分かれた強力な尾ビレをもっている。

②サンゴ礁に叩きつけられうめく人魚姫。セイレーンは馬乗りになると、二股に分かれた尾ビレでがっしりと人魚姫に巻きついた！

104

③ 息ができない人魚姫の意識が遠のく。そのとき、サンゴ礁にすんでいた魚たちが、一斉にセイレーンに襲いかかった！

特殊能力
海の姫
海の野生動物が
味方につきやすい。

特殊能力
魅惑の歌声
美しい歌声で、相手を
混乱状態にする。

④ あらわれた魚たちのおかげで、戦況は人魚姫の有利に。
だが、辺りに聞いたこともない美しい歌声が響きわたった。
次の瞬間、魚たちが狂いだし、人魚姫へと襲いかかってきた！
※サンゴ礁の魚たちはセイレーンの歌声を聞いてしまい、混乱してしまった。

**セイレーンの
勝利**

圧倒的（あっとうてき）な力（ちから）の差（さ）！ 勝敗（しょうはい）の行方（ゆくえ）は!?

マッコウクジラ vs フライパンマス

エリア ▶ 海（うみ） ☀

水温（すいおん） **14度（ど）**

① 小回（こまわ）りの利（き）く素早（すばや）さを生（い）かし、フライパンマスが体当（たいあ）たりをするも、マッコウクジラはノーダメージだ。それでもちょこまかと体当（たいあ）たりをくりかえすフライパンマスに、マッコウクジラの怒（いか）りが爆発（ばくはつ）！

② 尾（お）ビレで激（はげ）しく叩（たた）きつけられたフライパンマスは、意識（いしき）を失（うしな）い、スクリューしながらふっ飛（と）んでいく。

③ 海中で発生した渦に飲まれてぐるぐる回るフライパンマスの動きに、また攻撃をしかけてくると勘違いしたマッコウクジラが、超音波で先制攻撃！

特殊能力
サウンドウェーブ
超強力な音波で遠隔攻撃ができる。

特殊能力
フライパンタックル
鉄製の尾で、相手の体にひびく一撃をあたえる。

④ 勝利を確信したマッコウクジラが悠々とUターン。けれど超音波の刺激で、フライパンマスは逆に意識を取り戻していたのだ。気づかれないよう死角に入り、尾ビレの付け根に全力でフライパンを叩きつけた！

※マッコウクジラの急所は、尾びれの付け根の幅30センチほどの部分。

フライパンマスの勝利

バトル 1

オキゴンドウ

モササウルス

慎重なオキゴンドウに対し暴れ回るモササウルスが優勢に。しかしうまく地形を使いオキゴンドウが勝利をつかんだ。

バトル 2

ディノスクス

ホッキョクグマ

寒さに弱いディノスクスをホッキョクグマが追いつめるが、ディノスクスの噛みつき→デスロールでホッキョクグマを撃破。

バトル 3

オオアナコンダ

アーケロン

アーケロンが水中でのがまん比べにもちこむが、すきをついたオオアナコンダの会心の一撃が決まり、2回戦突破。

バトル 4

リヴィアタン・メルビレイ

シファクティヌス

両者一歩も引かないバトルも、シファクティヌスは丸のみ攻撃をさけられず、リヴィアタンが勝利し、3回戦進出。

2回戦では、1回戦を勝ちぬいた選手とシード選手が大激突。能力の高いシード選手が負けるまさかの展開など、手に汗握るバトルがくり広げられた。

バトル 5

ナックラヴィー

VS

一寸法師

うまく立ち回って巨大化した一寸法師はナックラヴィーを追いつめるが、つめがあまく、毒をくらって一寸法師はダウン。

バトル 6

川天狗

VS

クラーケン

川天狗はことごとくクラーケンの攻撃をくらい苦しい展開。しかし団扇のワザで力の差をはね返し、ギリギリで勝利！

バトル 7

セイレーン

VS

人魚姫

セイレーンが攻め、人魚姫は防戦一方。人魚姫は海の生き物の力で逆転するも、セイレーンはその力を利用し、再逆転勝ち！

バトル 8

マッコウクジラ

VS

フライパンマス

力の差に油断したマッコウクジラの急所にフライパンマスの攻撃が炸裂！予想をくつがえすフライパンマスの大勝利！

次はBブロック2回戦が始まる！

#41 メガロドン

絶滅生物

攻撃 S

テクニック B ・ A 防御

体力 S ・ B スピード

バトルスタイル

急速アタック	95
かみさく	105
尾ブレード	95

特殊能力
凶暴な噛みつき

肉をさき、骨をくだくほどの噛みつき攻撃。

巨大歯で敵を引きさく最強のサメ

約2800万〜360万年前の新第三紀に海を支配した最強の巨大サメ。とんでもなく口が大きく、2tを超える顎の力と、ノコギリ状の巨大な歯による噛みつき攻撃が最強の武器だ。泳ぎは遅いが、爆発的に加速して距離をつめ、体あたりや尾ビレによる一撃も非常に強力だ。

#42 ダンクルオステウス

絶滅生物

攻撃
A

テクニック B — S 防御

B B
体力 スピード

バトルスタイル

頭つきクラッシュ	95
かみつく	90
体あたり	75

特殊能力
石頭

体前半分が硬い骨におおわれており、攻撃をうけつけない。

硬い頭と鋭い刃をもつ甲冑魚

約3億年前のデボン紀の海で、生き物の頂点に立った最強の甲冑魚で、攻防に優れた万能型ファイター。厚く硬い骨製の装甲板が頭と胸を守り、頭突きも強力。噛む力は水生生物最強とされ、顎につく骨の刃がどんな相手も切りさく。装甲のないやわらかい後部が弱点となる。

体格と知力のガチンコ勝負！

メガロドンVSナイルワニ

エリア ▶ 海 ☀
水温 **10度**

特殊能力

デスロール
体を高速回転させて、相手に
大ダメージをあたえる。

①

巨体を揺らしながら迫るメガロドンの大きな
胸ビレに、ナイルワニが先制攻撃！ 噛みつきながら
高速回転し、胸ビレを引きちぎりにかかる。

※ナイルワニの噛む力は約2トン（2000kg）以上。
　（ちなみに人間は最大70kgといわれている。）

② たまらずメガロドンは岩に全身でアタック。衝撃でナイルワニは
離れたが、メガロドンも胸ビレに大きな傷を負ってしまった。

③ ナイルワニはすかさず体勢を整えて猛突進。泳ぎの遅いメガロドンの背後に回りこむと、今度は背ビレを引きちぎろうとキバをむけた。

※メガロドンの遊泳スピードは時速2～5kmほどといわれている。対してナイルワニは時速30km。

ヒュッ

④ ガバリと大きな口を開けるナイルワニ。だがメガロドンが怒りの尾ビレアタックで、ナイルワニの横面を張り飛ばした！超巨体の一撃を受け、ナイルワニはダウン！

メガロドンの勝利

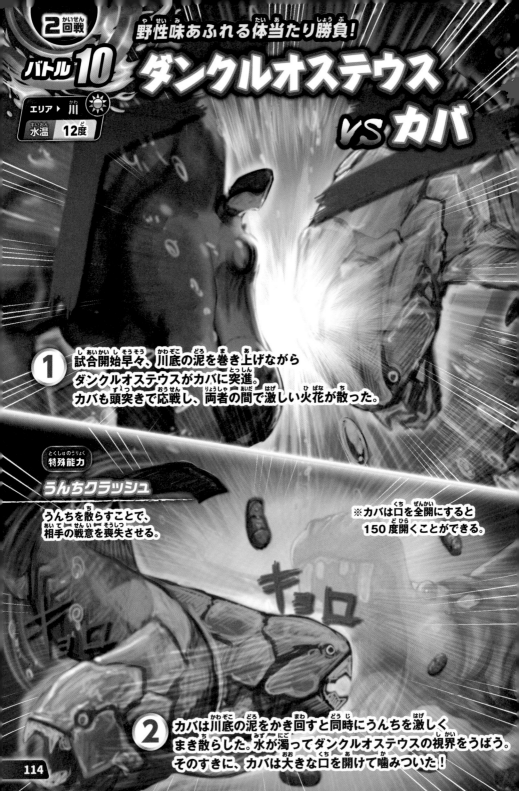

野性味あふれる体当たり勝負!

バトル10

ダンクルオステウス vs カバ

エリア ▶ 川 ☀

水温 12度

① 試合開始早々、川底の泥を巻き上げながらダンクルオステウスがカバに突進。カバも頭突きで応戦し、両者の間で激しい火花が散った。

特殊能力

うんちクラッシュ

うんちを散らすことで、相手の戦意を喪失させる。

※カバは口を全開にすると150度開くことができる。

② カバは川底の泥をかき回すと同時にうんちを激しくまき散らした。水が濁ってダンクルオステウスの視界をうばう。そのすきに、カバは大きな口を開けて噛みついた!

③ 致命傷を負わせたと思ったカバだったが、頭部を硬い骨で覆われているダンクルオステウスに効果は薄かったらしい。カバは反撃の頭突きをくらってしまった！

特殊能力

石頭

体前半分が硬い骨におおわれており、攻撃をうけつけない。

※ダンクルオステウスの噛む力は約 450 〜 550kg といわれている。（ホオジロザメが約 280kg ほど）
※カバはお腹の皮膚が一番薄い。

ダンクルオステウスの勝利

④ カバがよろめいたすきをつき腹の下に入りこんだダンクルオステウスは、そのままカバの腹部に噛みついた！

#43 セイウチ

地球生物

攻撃 A

防御 A

テクニック B

体力 A

スピード C

バトルスタイル

ぶあついキバ	90
超ボディプレス	85
体あたり	80

特殊能力
鉄壁ボディ

ぶあつい脂肪をまとった体で攻撃をはねかえす。

強いキバとぶあつい装甲をもつ海獣

北極海の氷の上にすむ、白く長いキバとごつごつした皮膚をもつ海獣。体長3m、体重1t超の巨体も脅威だが、武器は長さ50cm超の太いキバ。ひと突きで相手をダウンさせる攻撃力をもつ。皮膚と脂肪がぶあついため防御力が高く、守りをかためて一発逆転が狙えるファイターだ。

#44 シャチ

地球生物

攻撃 A

テクニック A　　A 防御

A A
体力　スピード

バトルスタイル

キバアタック	90
ヘッドアタック	75
尾びれアタック	85

特殊能力

ハンタースキル

学習能力で、敵への最適な攻撃を見出す。

水生生物に天敵なしの海の王者

高い知能と狩りの技術をもつ海に敵なしの海獣王。体長10m、体重6t超の巨体に見あわぬ泳ぎの速さ、水上への高いジャンプ力、長距離を苦にしないスタミナと、高い身体能力を生かして戦うオールラウンダーだ。大きな歯での噛みつきと尾びれアタックの威力もすさまじい。

流氷下の暗闇バトル！

バトル11

エリア ▶ 北極

水温 -4度

セイウチ VS
アンスロポルニス

① アンスロポルニスは岩場や流氷に身を隠しながらセイウチに近づき、背後からのアタックを狙う。だがぶあつい雲に太陽が隠れてしまい、一瞬方向を見失ってしまった。

② キョロキョロと姿を探すアンスロポルニス。水の動きでその様子に気づいたセイウチは、かわりに強力ラリアットをお見舞いしようと突進する！

※セイウチのヒゲは400～500本あり、優秀なセンサーの役割を果たしている。

③ しかしギリギリでかわしたアンスロポルニスは、素早い泳ぎでセイウチを
ふりきった。距離を取り、今度は高速回転しながらクチバシでドリルアタック!

特殊能力

スイマー

小回りの利く泳ぎで、
敵の攻撃を華麗によける。

特殊能力

鉄壁ボディ

ぶあつい脂肪をまとった
体で攻撃をはねかえす。

④ だが、セイウチのぶあつい脂肪に弾かれたクチバシは
逆に大ダメージ! さらにふりむいたセイウチの
太いキバがアンスロポルニスに振りおろされた!

※セイウチの皮膚は3〜5cmもあり、
さらにその下に脂肪が10cmほどある。

**セイウチの
勝利**

バトル12

嵐の海辺は知略勝負で決着がつく！

浦島太郎＆助けられた亀 VS シャチ

エリア▶海峡
水温 4度

① 陸地に向かって猛スピードで泳ぐ浦島太郎たちを、シャチが猛追。鼻先でアタックされた浦島太郎は亀ごと勢いよく海面高くふっ飛ばされてしまった。

特殊能力

命の恩人

浦島太郎の大ピンチ時、亀は実力以上の力を出す。

② 海に落ちた浦島に狙いを定めてシャチが襲いかかるも、亀がその尾に噛みついてピンチを救う。そのすきに浦島は岸へとたどりついた。

③ シャチは高速で尾をふって亀を引きはがした。シャチのキバに噛まれるとひとたまりもない亀は岸に向かって泳ぎ始める。が、シャチはそうはさせまいと執拗に追いかけてくる。亀、大ピンチに！

※亀は浦島太郎の作戦に気づき、シャチにわからないよう浜辺へと誘導していたのだ。

※シャチの背ビレは、水中での運動を安定させるために重要。

④ 泳ぎ疲れて弱りきった亀へ、勝利を確信したシャチが海面高くジャンプした。そのまま体アタックで決まると思われたそのとき、釣り糸の先につけた小刀がシャチの背ビレを切り裂いた！ ギリギリで逆転勝利だ！

浦島太郎＆助けられた亀の勝利

#45 シー・モンク

幻獣・妖怪

攻撃
B

テクニック A | B 防御

B 体力 | B スピード

バトルスタイル

銛ランス	85
ハンマーパンチ	85
膝蹴り	85

特殊能力
祈りの力
海面にしばらくの間、嵐を起こすことができる。

武芸に長ける伝説の魚の修道士

16世紀のヨーロッパで目撃された海の怪物。教会の司教の服を着た巨大な魚の姿をしており、今大会は頑丈な銛をもって参戦する。筋骨たくましく体をきたえ上げており、腕力も泳力も高いパワーファイター。力まかせの戦闘だけでなく、神に祈り、天変地異を起こせるとも…。

#46 プールのジョー

幻獣・妖怪

攻撃

テクニック A ／ A 防御

体力 B ／ B スピード

バトルスタイル

水流パンチ	85
波おこし	80
ひきずりこむ	85

特殊能力

ブルーコマンダー

体の水から子分をつくり相手へとむかわせる。

水の子分をあやつるプールの怪物

日本の学校のプールに出現する怪物。2本の手を伸ばしてプールの底に引きずりこみ、泳いでる人をおぼれさせる。まわりにある水の量で体の大きさが変化する。パンチでの直接攻撃や波を起こした攻撃のほか、水から分身をつくり攻撃をすることもできるが、その分、体は縮む。

123

2回戦

バトル13 和と洋のあやかし対決! シー・モンク VS 蟹坊主

エリア ▶ 湖

水温 -10度

1 シー・モンクの振り上げた銛を蟹坊主がハサミでガード!
そのまま力と力が拮抗して互角の戦いに。

特殊能力

霊力ハサミ

ハサミではさんだ
相手の生命力をうばう。

2 だが、ハサミの力で徐々に力が弱まっていくシー・モンク。
このままではまずいと判断し、ハサミにはさまれていた銛を離すと、
蟹坊主の足の一本に全体重を乗せてへし折った!

124

③ 怒った蟹坊主はシー・モンク目がけて銛を放り投げる。だが両腕ガードで弾き距離をとったシー・モンクに、蟹坊主はアワを吹きながら突進を開始した。周りの水草が、怒りのハサミで切り刻まれていく。

※蟹坊主は横からの攻撃に強いが、正面からの攻撃を避けるのが苦手。

④ だがシー・モンクは銛が離されるのを待っていた。水草に上手に隠れて銛を拾うと、真正面から対峙する。蟹坊主のハサミ攻撃を銛の柄で上に弾いたシー・モンクは、腹の継ぎ目に深々と銛をつき立てた！

シー・モンクの
勝利

力を発揮できるのはどちらだ!?

プールのジョー vs イッカク

① 海の水をあやつり、ジョーはイッカクの
まわりに渦を起こす。水流に飲まれた
イッカクは目が回ってしまった。

特殊能力

プールコマンダー

体の水から子分をつくり
相手へとむかわせる。

② ジョーはすかさず自分の体から子分をたくさんつくると、
イッカクを取りかこんで攻撃をしかける。多勢に無勢の
攻撃を受け、イッカクの体力がうばわれていく。

③ イッカクは起死回生をかけ、海中深くへぐんぐんもぐって逃げだした。水圧でジョーの子分たちが次々と分散し、イッカクはピンチから脱出することに成功。

※イッカクは潜水が得意で、水深1164mまで潜水した記録がある。

特殊能力

イッカクサーチ

するどく伸びるツノを使って、周囲の状況をサーチ。

④ 深海で体力を回復させたイッカクが、ジョーにむかって突進を開始。ジョーも水流パンチで迎え撃つ！相打ちかと思われたが、イッカクのドリルアタックがわずかにジョーの威力を上まわった！

※イッカクのツノは、流氷を貫くほどの強さをもっている。

イッカクの勝利

#47 海の魔女(人魚姫)

攻撃
B

テクニック **S** **B** 防御

B **B**
体力 スピード

バトルスタイル

ウォータービーム	50
高波ガード	50
海流ブースト	50

特殊能力

海の魔法

海にさまざまな効果をもたらす魔法を使える。

強力な魔法を使う妖しい魔女

童話『人魚姫』に登場する魔女。海の危険な場所に住み、他の生き物の依頼で占いをしていたが、人魚姫(➡P39)には「尻尾を人間の足に変える」薬を与えた。渦巻を起こして相手を吹き飛ばしたり、高波を起こし相手の攻撃をガードしたりと、海をあやつる魔法を使って戦う。

#48 沙悟浄

物語

攻撃 A
テクニック B　A 防御
A 体力　A スピード

バトルスタイル

宝杖で叩く	95
仙人格闘術	90
雄たけび	??

特殊能力
降魔の宝杖

妖怪・魔物の能力を封じる特殊な杖をもつ。

3tの杖を自在にふりまわす川の妖怪

小説『西遊記』に登場し、三蔵法師、孫悟空、猪八戒とともに経典（仏教の書物）を探して旅をしている。元々は川にすみ、人を襲っていた妖怪だ。重さ3tの宝杖を自在に操り、その破壊力と杖さばきで相手を打ちたおす。気合いの雄叫びで相手の動きを止めることもできる。

バトル15

海の魔女 vs ダツ

エリア▶ 海
水温 **25度**

① 波の上で姿を探していた海の魔女に、突如海面から飛びだしてきたダツが突進した。慌ててひるがえした魔女のマントにダツがするどく突き刺さる!

特殊能力

海の魔法

海にさまざまな効果をもたらす魔法を使える。

② 何度ふるい落としても、海面から矢のように飛びだしてくるダツのアタックに、魔女は海水をあやつったウォータービームで対抗。狙いすまして撃ち落とすことに成功した!

③ 喜んだのも束の間、嵐で起こった大波が魔女を飲みこんでしまった。
慌てた魔女が魔法の杖をふるって周りの海水を上空へと持ち上げる。
だが、杖の光に反応したダツが猛スピードで突進してきた!!

特殊能力

光のパワー

光を見ると凶暴化し
攻撃力をアップする。

④ 万事休すかと思われた魔女だが、そうなることを
見こしていた。魔法の杖の柄でダツの攻撃を
真正面から受け止める。尖った顎が杖に刺さった
ダツは、抜けなくなってしまったのだった。

海の魔女の
勝利

国を超えた技能バトル！ 勝利の行方は!?

沙悟浄 vs ヴォジャノーイ

エリア▶ 川
水温 25度

特殊能力

擬態

体を変化させることができ、姿を、隠すことができる。

① 試合開始直後、ヴォジャノーイは太陽を背に大きくジャンプ。まぶしさで目くらましをしつつ飛びかかると見せかけて、木に擬態して沙悟浄をあざむく作戦だ。

特殊能力

降魔の宝杖

妖怪・魔物の能力を封じる杖。

② だが沙悟浄は宝杖の力で木のなかから本物のヴォジャノーイをなんなく発見。杖を振りあげ、ヴォジャノーイを水面へと叩きつける！

③ だがヴォジャノーイは四肢を水面に広げることで衝撃をやわらげることに成功。ダメージを最小限におさえると、素早く水面を蹴って反撃に転じる。

※カエルは着地の衝撃をやわらげることが
できるように特殊な骨格を持っている。

※沙悟浄は雷や太鼓の音のような
恐ろしい声をしている。

④ 小刻みの剣戟で翻弄するヴォジャノーイに、沙悟浄は気合いを入れた雄叫びを放つ！空気を震わせるほどの声に、思わずヴォジャノーイの手が止まる。そのすきを逃さず、沙悟浄の降りおろした杖がクリーンヒット！

沙悟浄の勝利

バトル 9

メガロドン

VS

ナイルワニ

ナイルワニは先制攻撃を決めてバトルを有利に進めるが、メガロドンが超巨体を生かした一撃で、ナイルワニをKO！

バトル 10

ダンクルオステウス

VS

カバ

視界をうばい、試合を決める噛みつきをみまうカバだったが、ダンクルオステウスの反撃をくらい、無念の逆転負け。

バトル 11

セイウチ

VS

アンスロポルニス

暗闇の中、先手を取ったのはセイウチ。かたい守りでアンスロポルニスの反撃もはねかえし、セイウチが3回戦に進出。

バトル 12

シャチ

VS

浦島太郎&助けられた亀

シャチの攻撃ではなればなれになった浦島と亀だが、その状況を利用したおとり作戦に成功。シャチを見事に撃破！

2回戦の戦いが終わり、3回戦に進む16選手が決定した。順当な選手だけでなく、意外な選手が勝ちあがっており、今後も波乱を含んだバトルが予想される。

バトル 13

シー・モンク

蟹坊主

力比べになるも、パワーの差をさとったシー・モンクが、蟹坊主の攻撃をうまくさばき、銛の一撃で勝利をつかんだ。

バトル 14

プールのジョー

イッカク

ジョーは子分とともに猛攻撃をするが、イッカクの潜水能力とドリルアタックが勝り、イッカクがギリギリの勝利！

バトル 15

海の魔女（人魚姫）

ダツ

海の魔女は、魔法でダツの突進攻撃をことごとく防ぎ、最後は杖でダツの身動きを止め、見事な完封勝利で3回戦進出。

バトル 16

沙悟浄

ヴォジャノーイ

互いにワザを駆使したバトル展開に。沙悟浄が雄叫びでヴォジャノーイの動きを止めたのが決め手となり、沙悟浄が勝利。

次はA・Bブロック3回戦が始まる！

途中

 オキゴンドウ

 ホホジロザメ

 モササウルス

1回戦バトル1 ➡P16

2回戦バトル1 ➡P86

 ディノスクス

3回戦バトル1 ➡P140

 ホッキョクグマ

 プレシオサウルス

1回戦バトル2 ➡P20

2回戦バトル2 ➡P88

準々決勝バトル1 ➡P162

 オオアナコンダ

 イワトビペンギン

 アーケロン

1回戦バトル3 ➡P24

2回戦バトル3 ➡P92

3回戦バトル2 ➡P142

 リヴィアタン・メルビレイ

 河童

 シファクティヌス

1回戦バトル4 ➡P28

2回戦バトル4 ➡P94

準決勝バトル1 ➡P174

 ナックラヴィー

 カモノハシ

 一寸法師

1回戦バトル5 ➡P32

2回戦バトル5 ➡P98

3回戦バトル3 ➡P144

 川天狗

 ダイオウイカ

 クラーケン

1回戦バトル6 ➡P36

2回戦バトル6 ➡P100

準々決勝バトル2 ➡P164

 セイレーン

 バショウカジキ

 人魚姫

1回戦バトル7 ➡P40

2回戦バトル7 ➡P104

3回戦バトル4 ➡P146

 マッコウクジラ

 アノマロカリス

 フライパンマス

1回戦バトル8 ➡P44

2回戦バトル8 ➡P106

出ぞろった さらなる

トーナメント

Bブロック

経過

決勝
→P184

ベスト16
激闘が！

メガロドン

2回戦バトル9
→P112

ナイルワニ

1回戦バトル9 →P50

ペラゴルニス・サンデルシ

3回戦バトル5
→P148

ダンクルオステウス

2回戦バトル10
→P114

カバ

1回戦バトル10 →P54

フック船長

準々決勝
バトル3
→P166

セイウチ

2回戦バトル11
→P118

アンスロポルニス

1回戦バトル11 →P58

ビーバー

3回戦バトル6
→P150

シャチ

2回戦バトル12
→P120

マダコ

1回戦バトル12 →P62

浦島太郎&助けられた亀

準決勝
バトル2
→P176

シー・モンク

2回戦バトル13
→P124

蟹坊主

1回戦バトル13 →P66

ピラニア

3回戦バトル7
→P152

プールのジョー

2回戦バトル14
→P126

ヤエケロプテルス

1回戦バトル14 →P70

イッカク

準々決勝
バトル4
→P168

海の魔女(人魚姫)

2回戦バトル15
→P130

ダツ

1回戦バトル15 →P74

舟幽霊

3回戦バトル8
→P154

沙悟浄

2回戦バトル16
→P132

コモドドラゴン

1回戦バトル16 →P78

ヴォジャノーイ

水中最強生物

ピックアップ②

浦島太郎&助けられた亀

助けた亀は女性だった？

実は浦島太郎の話は、720年にできた歴史書『日本書紀』にものっている古いものだ。そこには、浦島は大亀を釣りあげ、その大亀が女性に変身。2人は結婚して、仙人界を訪れる…という話が記されている。

それからあとの時代に、亀の恩返しや竜宮城の乙姫の話がつけ加えられ、現在のような話になっていったといわれている。

歸國
浦島

竜宮城から家に戻る途中の浦島太郎と亀を描いた画。大事そうに玉手箱を抱えている。

ウミガメは長生き？

アオウミガメ。日本では5種類のウミガメが見られる。

「鶴は千年、亀は万年」は、長寿で縁起がいいことを表す言葉。しかし、実際の亀はそこまで長生きではない。記録に残る最高齢の亀はガラパゴスゾウガメ「ハリエット」の175歳。浦島太郎の亀はウミガメとされるが、寿命は70～80年だ。ちなみに徳島の水族館では、世界最高齢のアカウミガメが現在も飼育されている。

バトル開始！
3回戦
全8バトル

オキゴンドウ VS デイノスクス →P140

オオアナコンダ VS リヴィアタン・メルビレイ →P142

ナックラヴィー VS 川天狗 →P144

セイレーン VS フライパンマス →P146

メガロドン VS ダンクルオステウス →P148

セイウチ VS 浦島太郎 & 助けられた亀 →P150

ジー・モンク VS イッカク →P152

海の魔女(人魚姫) VS 沙悟浄 →P154

バトル**1**

水辺の巨大哺乳類、プライドを賭けた戦いの行方!

オキゴンドウ VS デイノスクス

エリア▶ 海

水温 **0**度

① デイノスクスの突進をかわしたオキゴンドウは、くわえていた大きなコンブでデイノスクスの口をぐるぐる巻きにすることに成功。そのまま腹に思いきり体当たりした!

※ワニは噛みつくときに目をつぶる習性があり、オキゴンドウはそのスキをついたのだ。

※ワニは噛む力は強いが、口をあける力はびっくりするほど弱い。

※オキゴンドウは噴気孔が弱点。

② 大ダメージを受けながらも、両手足をぶんぶん振って抵抗するデイノスクス。そのするどいツメが、オキゴンドウの噴気孔にめりこんだ!あまりの激痛に逃げだすオキゴンドウ。

③ デイノスクスはさらに強力なテイルアタックをお見舞いする！だがそれを察知していたオキゴンドウは急旋回。反対にデイノスクスの尻尾に食らいついて海底まで引きずりこんでいく。

ギュギュ─ン

ガバ

ゴボ

※オキゴンドウの胸ビレには5本の指の骨があり、これを使って方向転換や急ブレーキをかける。
※オキゴンドウは潜水が得意で、最大水深920mまで潜水した記録がある。

特殊能力

破壊のキバ

全力で噛みつくと、どんな相手でも貫き、二度と離さない。

ガブッ

ギャッ

④ だがデイノスクスも負けてはいない。頭を素早く横に振って、激しくオキゴンドウの横腹に打ちつける！衝撃でたまらず口を離したオキゴンドウ。すかさずデイノスクスが頭に噛みつき勝利をおさめた！

デイノスクスの勝利

エリア▶海峡
水温 17度

獰猛なハンター同士の熾烈な戦い！

オオアナコンダ VS リヴィアタン・メルビレイ

① 試合開始早々、リヴィアタン・メルビレイは巨大な頭部から超音波を発して、オオアナコンダを攻撃した！衝撃で吹っ飛ばされるオオアナコンダ。

※鯨類は、破壊的な超音波を頭で圧縮してビームのように飛ばすことができる。

② 激しく眩暈を起こしながらも、オオアナコンダは胸ビレにぐるぐると巻きついて締め上げる。けれどリヴィアタン・メルビレイはそんなオオアナコンダを岩にこすりつけた。

③ たまらず胸ビレから離れたオオアナコンダを、巨大な口で一飲みにするリヴィアタン・メルビレイ。

特殊能力

大口

巨大な口で、相手をまるごと飲みこむことができる。

※オオアナコンダの締め上げる力は500kg〜1tといわれている。

※クジラの喉は体の大きさに比べて小さく、人間を丸のみすることはほぼ不可能。体長20m以上のリヴィアタン・メルビレイであれば可能性はあるが、舌を強く掴まれると飲みこむことができなくなる。

④ 勝負あったと思われたが、突然リヴィアタン・メルビレイが苦しみだした。オオアナコンダが舌に絡みついて締め上げていたのだ。あまりの苦しさにのたうち回ったリヴィアタン・メルビレイがついに降参！

オオアナコンダの勝利

異形同士の白熱バトル！

ナックラヴィー vs 川天狗

①

川天狗が先手必勝で水柱を起こすも、水中を得意とするナックラヴィーは難無く泳ぎ、逆に剣を振りかぶった！だが、川天狗も釣竿の針を剣に引っかけ、攻撃をふせいだ！

※川天狗は釣の名人。

特殊能力

シーポイズン

毒をはき、水中の相手を窒息させる。

特殊能力

天狗の団扇

神通力でフィールドの天候を変化させる。

② ナックラヴィーは怒りで目を真っ赤に血走らせながら毒息を巻き散らす。しかし川天狗は団扇で大風を起こしはね返した！

③ 襲いかかってくるナックラヴィーを、がっしり正面から受け止めた川天狗。だがナックラヴィーの下部分である馬が、川天狗の背中の羽を喰いちぎった！

④ 剣を振りおろすナックラヴィーに負けじと、川天狗は高下駄キックで間一髪攻撃を避ける。すばやく団扇をかかげ雷を呼ぶと、ナックラヴィーの剣に落雷がクリーンヒット！川天狗が形勢逆転での勝利となった。

川天狗の勝利

バトル4

攻撃は最大の防御となるか!?

セイレーン vs フライパンマス

エリア ▶ 湖

水温 25度

① 水面をはねながらセイレーンの猛追から逃れるフライパンマス。だがセイレーンが美しい歌声をひびかせると、空を飛んでいたカラスたちが突然フライパンマスへと襲いかかってきた！

特殊能力

魅惑の歌声

美しい歌声で、相手を混乱状態にする。

特殊能力

フライパンタックル

鉄製の尾で、相手の体に響く一撃を与える。

② カラスにつかまれたフライパンマスは空へと連れ去られてしまった。だが、激しく身をひねったフライパンマスは尾ビレアタックでカラスを撃破！

❸ 湖面に着水したフライパンマスにセイレーンがつかみかかる。
だがフライパンマスは小回りのきく体を生かしてジグザグに泳ぎ、
セイレーンの背後に回りこんだ！

※フライパンマスの尾は音を反響させる金属製のフライパンでできており、セイレーンははね返った自分の歌声に混乱してしまったのだ。

❹ 負けじと振りむきざまに歌いだすセイレーン。
次の瞬間フライパンマスは尾ビレを盾にしてセイレーンの
目の前につきだした。動きが止まったセイレーンに、
フライパンマスの強力尾ビレアタックが炸裂した！

フライパンマスの勝利

古代魚同士のガチンコバトル！ 圧倒的体格差はくつがえるのか

メガロドン vs ダンクルオステウス

エリア▶ 海
水温 14度

特殊能力

石頭

体前半分が硬い骨に
おおわれており、
攻撃を受けつけない。

① 序盤から巨体のメガロドンが大口を
あけてダンクルオステウスにせまる。
ダンクルオステウスはとっさに頭突きで
キバにアタック！ 飲みこまれるのを
ギリギリで回避した。

② 背ビレに噛みつこうとするダンクルオステウス。
しかしメガロドンは体を大きくしならせて体当たりすると、
さらに大きな尾ビレでダンクルオステウスをぶん殴った！

クルッ

③

ふっ飛ばされたダンクルオステウスは
海面からはね上げられてしまう。
だが、その体が海面に叩きつけられた
大きな音に驚いたメガロドンが
思わず回れ右をする。

※サメ類は聴覚が非常に
研ぎ澄まされているため、
大きな音が苦手。

④

ダメージを負いながらもダンクルオステウスは全ての力を
使いメガロドンに接近。胸ビレに噛みついて泳ぎの能力を
低下させることに成功した！バランスを失ったメガロドンは
ダンクルオステウスの攻撃でダウン。

※ダンクルオステウスは強力な顎をもっており、噛む力は
ティラノサウルスと同レベルともいわれている。

**ダンクルオステウスの
勝利**

圧倒的な体格差に対抗するのはチームワークか!?

バトル6

セイウチ vs 浦島太郎&助けられた亀

エリア ▶ 海 ☀

水温 25度

ドゴゴ

① 亀に乗り相手を探していた浦島へ、セイウチは海中から頭突きアタックをお見舞いする。突きあげられた衝撃でたまらず浦島は海へと転覆してしまった。

※ウミガメは5本指で露出している鋭いツメもある。

ザッ

特殊能力
命の恩人

浦島太郎の大ピンチ時、亀は実力以上の力を出す。

ゴポポ

② 浦島を巨体で抑えこみ、海中へ一気に鎮めようとするセイウチ。だが、怒った亀が前足でセイウチを殴りつけた！するどいツメがクリーンヒットする。

❸ ピンチを脱した浦島は再び亀に乗り陸地に移った。だが怒ったセイウチも、キバを氷につき立てながら上がってくる。その背後から、小刀をくわえた亀が大ジャンプでセイウチへと切りかかる！

※浦島はみずからをオトリにして、亀にセイウチの死角を狙わせたのだ。

※浦島コンビの勝敗は、浦島太郎がダウンすると負けとなる。

特殊能力
鉄壁ボディ

ぶあつい脂肪をまとった体で攻撃をはねかえす。

❹ 亀渾身の小刀アタックが決まる！だが、ぶあつい脂肪で守られたセイウチに効果はうすい。セイウチは背後への攻撃をものともせずに、巨体を揺らしながら浦島へと突進した！

セイウチの勝利

バトル7

シー・モンク
VS イッカク

エリア ▶ 北極（ほっきょく）
水温（すいおん） 5度（ど）

① 試合開始早々（しあいかいしそうそう）、シー・モンクとイッカクは銛（もり）とツノ（つの）を激（はげ）しく打（う）ち合（あ）い、火花（ひばな）を散（ち）らせる。両者一歩（りょうしゃいっぽ）もひかず、互角（ごかく）の攻防戦（こうぼうせん）に。

特殊能力（とくしゅのうりょく）

祈（いの）りの力（ちから）

海面（かいめん）にしばらくの間（あいだ）、嵐（あらし）を起（お）こすことができる。

② しびれを切（き）らしたシー・モンクは嵐（あらし）を起（お）こしイッカクの泳（およ）ぎの妨害（ぼうがい）にかかった。だが、イッカクは潜水（せんすい）することで逃（のが）れると、海底（かいてい）からシー・モンクめがけて突進（とっしん）する！

※海面（かいめん）の荒（あ）れは、水深（すいしん）20ｍを超（こ）えるとほぼ影響（えいきょう）がない。

③ わき腹にツノアタックを受けたシー・モンクは大ダメージ！
だが、痛みにたえながらも刺さったツノごとイッカクをかかえ、
渾身のパワーで振りまわす。

※イッカクは肺呼吸のため、
息継ぎができないと溺れてしまう。
潜水可能時間は20〜25分。

④ 目が回ったイッカクをかかえシー・モンクはぶあつい
氷の下に引き入れた。はなれようともがくイッカクを
強靭な力で抑えこみ、勝負は持久戦へ。弱ったイッカクの
噴気孔に一撃を入れ、勝負あり！

シー・モンクの
勝利

怪力(かいりき)と魔力(まりょく)。ド派手(はで)なバトルの勝者(しょうしゃ)はどっちだ!?

海(うみ)の魔女(まじょ) VS 沙悟浄(さごじょう)

エリア	海岸(かいがん)
水温(すいおん)	12度(ど)

① バトル開始直後(かいしちょくご)、海(うみ)の魔女(まじょ)は渦巻(うずまき)を起(お)こして海中(かいちゅう)にいたクラゲたちを引(ひ)き上(あ)げると、海水(かいすい)に乗(の)せたスライダー投球(とうきゅう)で沙悟浄(さごじょう)へと先制攻撃(せんせいこうげき)!

特殊能力(とくしゅのうりょく)

海(うみ)の魔法(まほう)

海(うみ)にさまざまな効果(こうか)をもたらす魔法(まほう)を使(つか)える。

② だがねらいすました沙悟浄(さごじょう)は宝杖(ほうじょう)を真横(まよこ)に大(おお)きくスイング!はねかえされたクラゲが超(ちょう)スピードで戻(もど)ってくるが、海(うみ)の魔女(まじょ)は高波(たかなみ)を防壁(ぼうへき)にして余裕(よゆう)のノーダメージ。

③ 魔女はさらに沙悟浄の足元に渦巻を発生させてバランスをくずしにかかる。
だが沙悟浄は宝杖を大きく海面にたたきつけ、波動で大波を発生させて
渦巻を消滅させることに成功！

※宝杖の重さは約３トンもあるため、
大きな衝撃を起こせたのだ。

④ 飛び散ったしぶきに驚く海の魔女。沙悟浄は
すばやく大波に乗って大きくジャンプすると、
波ガードを作っている魔女の真上から宝杖を
盛大に振り下ろした！

沙悟浄の勝利

バトル 1

オキゴンドウ

VS

ディノスクス

弱点をついて戦いを有利にすすめたオキゴンドウだが、ディノスクスは反撃の頭突きを決め、オキゴンドウを撃破！

バトル 2

オオアナコンダ

VS

リヴィアタン・メルビレイ

リヴィアタンはオオアナコンダの攻撃をことごとくはねかえし、丸のみしたが、オオアナコンダに舌を巻かれ、無念の降参。

バトル 3

ナックラヴィー

VS

川天狗

ワザを使った攻防のかけひきの末、ナックラヴィーがダメージを与えるが、川天狗が起死回生の雷攻撃を出して逆転勝ち！

バトル 4

セイレーン

VS

フライパンマス

一進一退の戦いの中、歌声で混乱状態をねらったセイレーンだったが、フライパンで歌声をはね返され、惜しくも敗退。

A・Bブロックを勝ちぬいた16体の選手からベスト8が決定！ 強敵ぞろいの中で、自分の強みを生かした強者が、ベスト8への道を一歩ぬけ出した。

バトル5

メガロドン
VS
ダンクルオステウス

体格差から大ダメージを受けたダンクルだが、大きな音が弱点のメガロドンのすきを逃さず、反撃の噛みつきで見事逆転！

バトル6

セイウチ
VS
浦島太郎＆
助けられた亀

開幕早々、はなればなれになる浦島と亀は個々にダメージを与えるも、セイウチはそれら攻撃をものともせず、力で撃破！

バトル7

シー・モンク
VS
イッカク

銛とツノを激しくうち合うバトル。シー・モンクはツノアタックに苦しむが、水中での持久戦にもちこみ、辛くも勝利。

バトル8

海の魔女（人魚姫）
VS
沙悟浄

魔女の魔法を、沙悟浄が力で受ける展開に。沙悟浄は怪力で宝杖をふり回して、魔法をことごとくはね返し、見事勝利！

いよいよ準々決勝が始まる！

ピックアップ③ メガロドン

なぜそんなに大きくなった？

メガロドンの体長は 15 mほどと考えられている。巨大化した原因として、メガロドンは体温が高く、体温を保つために脂肪の多いクジラやアザラシをたくさん食べたため…との説がある。

現代の一部のサメも体温が高く、メガロドンもそんなサメに似ていたのだろう。実際に体温が高かったという証拠も見つかっており、研究が進んでいる。

体長 8 m、高さ 3 mのメガロドン実物大模型。あごの化石から計算してつくり出したものだ。

サメの歯の化石＝天狗の爪？

サメの歯の化石。標高の高い山から見つかることも。

日本では、サメの歯の化石は「天狗の爪」と呼ばれていた。昔の人はこの正体不明の石を、その形から天狗が落とした爪と考えたのだ。

なぜ、サメの歯だけ化石として見つかるのか。それは、サメは骨がやわらかい軟骨でできていて化石として残りにくく、かたいサメの歯が化石として残りやすかったためだ。

デイノスクス VS オオアナコンダ →P162

川天狗 VS フライパンマス →P164

準々決勝&準決勝

ダンクルオステウス VS セイウチ →P166

シー・モンク VS 沙悟浄 →P168

準々決勝&準決勝 対戦表

ベスト8

勝ち上がった
最強を

炸裂！必殺のデスロール

デイノスクス

巻きつけば勝ちだ！

オオアナコンダ

多彩なワザで勝機をつかむ

川天狗

大番狂わせをおこせ！

フライパンマス

準決勝

決勝進出

左トーナメントの注目選手

注目選手は、高い攻撃力をもつデイノスクス。ねばり強く戦い、痛い一撃を与えて勝利を積み重ねてきた。また、ノーシードながら勝ち上がってきたフライパンマスにも注目だ。

そろったぞ！

8選手が目指す！

決勝進出

準決勝

かたい甲冑と痛い一撃！

ダンクルオステウス

一撃で決めるキバ攻撃！

セイウチ

心技体そろった戦闘巧者

シー・モンク

重量級の宝杖を自在に操る

沙悟浄

右トーナメントの注目選手

注目選手は、高い防御力をもつダンクルオステウス。かたい骨で身を守り、数々のピンチを切り抜けてきた。また、武器をふりまわすシー・モンクと沙悟浄の戦いも見逃せない一戦だ。

161

エリア▶ 川

水温 23度

準々決勝開始! 息もつかせぬ攻防戦!

デイノスクス VS オオアナコンダ

①

バトル開始早々、オオアナコンダが木の上から大ジャンプ! 川岸で迎え撃つデイノスクスだったが、雨で視界がふさがれたすきをつかれ、鼻先にガブリとかみつかれてしまう。

※蛇は「ピット」と呼ばれる第三の目で熱を感知し、暗闇でも赤外線で相手の場所を特定できる。

②

デイノスクスは地面に体をこすりつけるようにぐるぐると回りだした。オオアナコンダを引きはがすと、胴体に噛みつきデスロールで水中へと引きずりこむ!

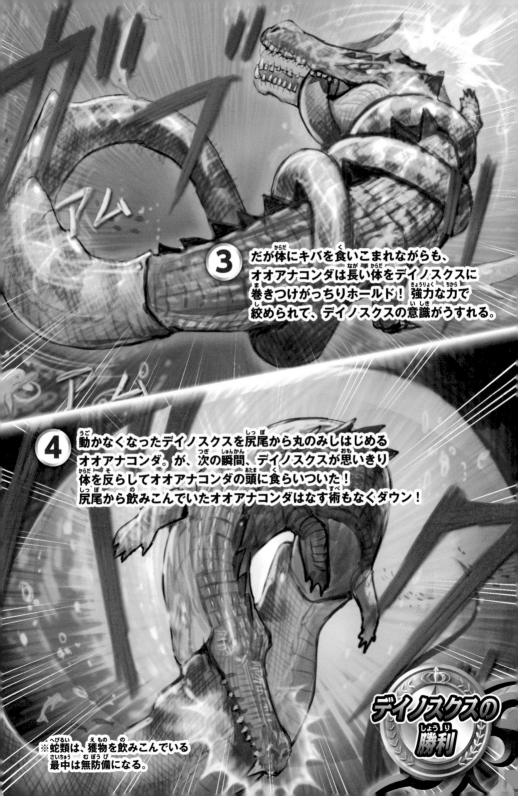

3 だが体にキバを食いこまれながらも、オオアナコンダは長い体をデイノスクスに巻きつけがっちりホールド！強力な力で絞められて、デイノスクスの意識がうすれる。

4 動かなくなったデイノスクスを尻尾から丸のみしはじめるオオアナコンダ。が、次の瞬間、デイノスクスが思いきり体を反らしてオオアナコンダの頭に食らいついた！尻尾から飲みこんでいたオオアナコンダはなす術もなくダウン！

※蛇類は、獲物を飲みこんでいる最中は無防備になる。

デイノスクスの勝利

白熱バトルの軍配が上がるのは!?

川天狗 VS フライパンマス

エリア ▶ 滝
水温 6度

① 滝の中を、流れに逆らいものすごいスピードで登ってくるフライパンマス。力強い尾ビレアタックをお見舞いするが、川天狗も団扇で応戦。

※フライパンマスの尾は、
フライパンになっている。

② 閃いたフライパンマスが水底の土を尾ですくって、川天狗に向けて勢いよく放った！泥土を顔面で受け、川天狗は視界を奪われてしまう。

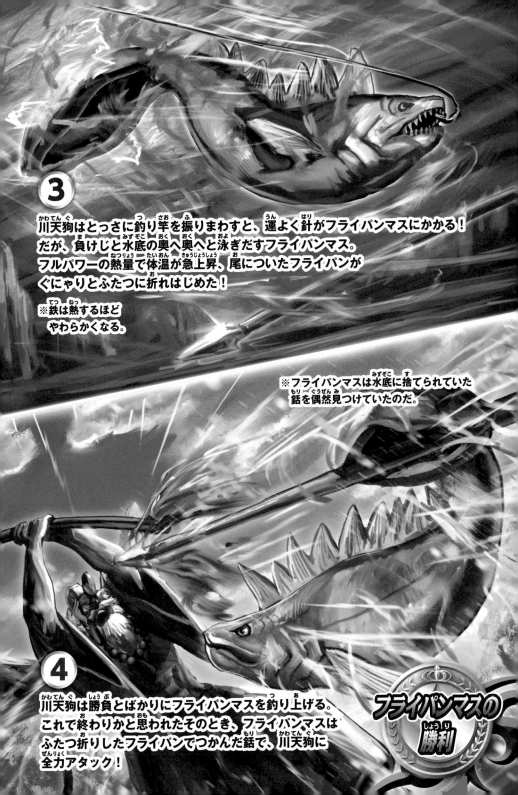

③

川天狗はとっさに釣り竿を振りまわすと、運よく針がフライパンマスにかかる！
だが、負けじと水底の奥へ奥へと泳ぎだすフライパンマス。
フルパワーの熱量で体温が急上昇、尾についたフライパンが
ぐにゃりとふたつに折れはじめた！

※鉄は熱するほど
　やわらかくなる。

※フライパンマスは水底に捨てられていた
　銛を偶然見つけていたのだ。

④

川天狗は勝負とばかりにフライパンマスを釣り上げる。
これで終わりかと思われたそのとき、フライパンマスは
ふたつ折りしたフライパンでつかんだ銛で、川天狗に
全力アタック！

**フライパンマスの
勝利**

古代の巨大魚VS現代の巨大哺乳類、勝利のカギは折れない心！

ダンクルオステウス vs セイウチ

エリア ▶ 海峡
水温 0度

1 氷の上から大きな影を見つけたセイウチは水しぶきを上げながら飛びこんだ。が、ダンクルオステウスは氷を突き破る大ジャンプで、セイウチの不意をつく。

※ダンクルオステウスの頭部は約5cmの厚みがあり、氷を割れたといわれている。

特殊能力

鉄壁ボディ

ぶあつい脂肪をまとった体で攻撃をはねかえす。

2 硬い歯がセイウチの背中にかじりつく！セイウチはのけぞるように体をゆすると、反対にダンクルオステウスに長いキバをつきたてた。

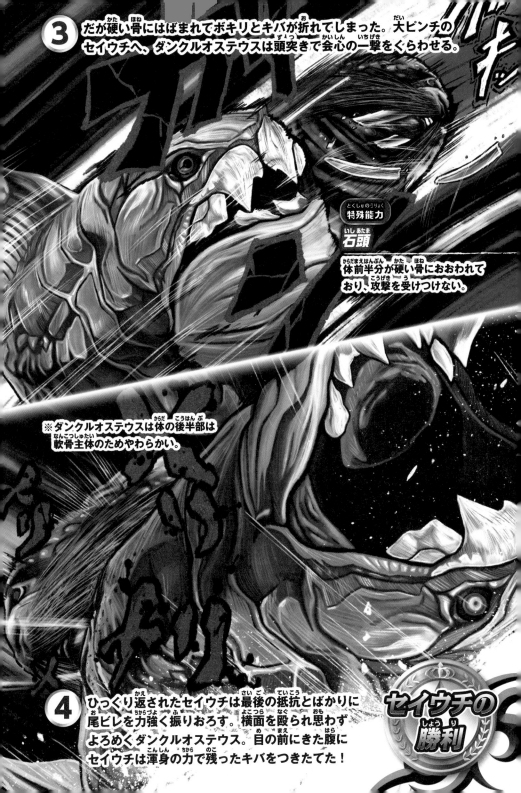

③ だが硬い骨にはばまれてボキリとキバが折れてしまった。大ピンチの
セイウチへ、ダンクルオステウスは頭突きで会心の一撃をくらわせる。

特殊能力

石頭

体前半分が硬い骨におおわれて
おり、攻撃を受けつけない。

※ダンクルオステウスは体の後半部は
軟骨主体のためやわらかい。

④ ひっくり返されたセイウチは最後の抵抗とばかりに
尾ビレを力強く振りおろす。横面を殴られ思わず
よろめくダンクルオステウス。目の前にきた腹に
セイウチは渾身の力で残ったキバをつきたてた！

**セイウチの
勝利**

霧深い青い海での筋肉バトル勃発！

シー・モンク VS 沙悟浄

エリア ▶ 海

水温 **22**度

① 雄叫びを上げながら銛と宝杖がぶつかりあう！一進一退の激しい攻防を繰り広げる両者の熱気で、水温がどんどん上昇していく。

② 熱気で渦巻く水流の力を乗せて、沙悟浄はシー・モンク目がけて勢いよく杖を放った。しかし見切ったシー・モンクに銛ではじかれ、手から杖が離れてしまった！

3
武器を失った沙悟浄へ、勝機とばかりに超スピードの泳ぎで接近するシー・モンク。勢いをつけたドロップキックが沙悟浄の顔面に炸裂する！衝撃で髑髏ネックレスもちぎれてしまった。

※沙悟浄はちぎれたネックレスを使って、ひそかに宝杖を引き寄せていたのだ。

4
シー・モンクに馬乗りで押さえつけられる沙悟浄。シー・モンクの勝利と思われたそのとき、後頭部に激しい衝撃が！シー・モンク突然のダウン！

沙悟浄の勝利

準々決勝 結果発表

バトル1

デイノスクス

準々決勝 VS

オオアナコンダ

先制攻撃でペースをにぎったオオアナコンダが、強烈な巻きつき攻撃でデイノスクスの動きを止める。しかし詰めが甘かった。オオアナコンダは尻尾から丸のみし始めたため、無防備な頭にデイノスクスの噛みつきを許してしまった。デイノスクスにはラッキーな勝利だ。

バトル2

川天狗

準々決勝 VS

フライパンマス

フライパンと団扇の激突から始まったバトルは釣り糸でのつな引きに。しかしあまりの熱気にフライパンが折れて絶体絶命。川天狗の勝利と思われたが、フライパンマスは銛を拾ってパワーアップ融合して、川天狗を撃破。なんとフライパンマスはベスト4に進出だ！

いよいよ準々決勝へ突入！ ベスト8の強者たちがもてる力を全力でぶつけあい、熱いバトルがくり広げられた。さらなる先、ベスト4へと進んだのは…？

バトル3

ダンクルオステウス VS セイウチ

セイウチとダンクルオステウスのバトルは、互いをかじり合う展開になるが、相手のかたい骨でセイウチはキバを1本失ってしまう。

しかし、そこであきらめなかったセイウチが、反撃のキバでダンクルオステウスのやわらかい部分をつらぬき、執念でベスト4進出！

バトル4

シー・モンク VS 沙悟浄

互いの力がぶつかるバトルになったが、沙悟浄が宝杖を投げて失ってからは、シー・モンクが優勢に。シー・モンクはドロップキック

からのおさえこみを決めるが、死角から宝杖の打撃をくらってダウン。沙悟浄の見事な逆転劇、ねらい通りだったのかもしれない…。

ついに準決勝が始まる！

ピックアップ④

ダンクルオステウス

下半身はどんな形？

　ダンクルオステウスの化石は、前半分の「硬い骨の鎧」部分しか見つかっていない。内部の骨はやわらかい軟骨でできていたようで、化石は残らず、下半身はどんな形をしているのかわかっていない。そのためダンクルオステウスの下半身は、サメのような尾びれをもっていた、またはウナギのように横に波打って泳いでいた…と想像されている。

ダンクルオステウスの頭の化石。頭骨の大きさから全長は6〜7mと考えられる。

かつては最強の水生生物だった

生きた化石シーラカンスはデボン紀に出現したとされる。

　4億1600万〜3億5890万年前のデボン紀は、いろいろな魚類が出現した「魚の時代」と呼ばれる。ダンクルオステウスはそんな時代に海の生態系の頂点に立った最強の水生生物だった。しかし、デボン紀の大量絶滅が起こり、ダンケルオステウスをはじめ全生物の80%が絶滅した。大規模な火山噴火が原因とされる。

ピックアップ **5**
ディノスクス

ワニが恐竜を襲っていた？

デイノスクスはラテン語で「恐ろしいワニ」を意味する。体長10m超の巨体で、自分と同じ大きな恐竜も襲って食べたという。発掘されたいくつかの恐竜の骨に、デイノスクスの歯型が残っていたのである。

水を飲みに来た恐竜を、現代のワニと同様に待ち伏せして襲っていたのだ。デイノスクスはすみかとする川辺一帯で、最強の捕食者として頂点に立っていたとみられる。

デイノスクスの頭の骨。ティラノサウルスの骨にも、デイノスクスの噛み跡があったとされる

デスロールってどんな技？

シマウマにデスロールをしかけるワニ。

ワニのデスロールは、相手に噛みついたまま、自らの体を回転させて相手を食いちぎる必殺技だ。デスロールをする理由は、獲物を食べやすい大きさにして丸のみするため。ワニは食べ物をかみ砕く咀嚼ができないのだ。また他のワニや敵と戦うとき、デスロールを使って相手をやっつける戦闘術として使うこともある。

圧倒的戦力差に起死回生の一撃なるか!?

デイノスクス VS フライパンマス

1

やる気みなぎるフライパンマスは開始早々
デイノスクスの腹の下に入ると、銛サンドに
パワーアップした尾ビレをつきたてた！
デイノスクスは痛手を負ってしまう。

※前回の試合で、フライパンマスは銛を獲得している。

※ワニのお腹はやわらかい。

2

力づくで抑えこもうとするデイノスクス。
だがフライパンマスは素早く逃げる。体格差を生かし
小回りを利かせた泳ぎで、デイノスクスを翻弄する。

③

イラだったデイノスクスが大きくジャンプ！
ちょうど真横を泳いでいたフライパンマスは、
巨体の着水でできた水柱に巻きこまれ、
川面へふっ飛ばされてしまった。

④

けれどもフライパンマスは急所の鼻先目がけて急降下！
フライパンタックルを受けたデイノスクスは激痛で大激怒。
激しいローリングを開始した。攻撃をもろに受けた
フライパンマスは川辺へ打ち上げられてしまいダウン！

**デイノスクスの
勝利**

エリア ▶ 氷湖

水温 ▶ 4度

パワーとスピード、死力をつくした戦いの結末は!?

セイウチ vs 沙悟浄

① 地鳴りを響かせながら、先手必勝とばかりに巨体で突進をかますセイウチ。しかし沙悟浄はタイミングを計った超跳躍で上空へ!

② セイウチの脳天目がけて体重と重力を乗せた宝杖をつき刺しにかかる。危険を察したセイウチは、すんでのところで水中に滑りこんだ!

176

③ すかさず追いかけた沙悟浄は宝杖を振り上げる！が、またもや敏感に反応したセイウチは宝杖を避けると、かえす動きで沙悟浄へ大きなヒレの強力ビンタをお見舞いした！

※セイウチのヒゲは400〜500本あり、優秀なセンサーの役割を果たしている。

※宝杖は３トンもの重さがあり、長さや太さを自在に変えられるといわれている。

④ ひるんだ沙悟浄をそばの岩に巨体で乗り上げおしつぶす。このままセイウチの勝利かと思われたそのとき、沙悟浄は最後の力をふりしぼって伸ばした宝杖をブンッと一振り！先端がセイウチの頭にダイレクトヒットした！

沙悟浄の勝利

準決勝結果発表

バトル1

デイノスクス

準決勝 VS

デイノスクスの勝利!

フライパンマス

体格差のあるバトルとなったが、フライパンマスが銛を使った先制攻撃に成功。その後も機動力で翻弄し、戦いをリードする。デイノスクスはなんとかフライパンマスの足を止めるも、反撃で急所に一撃をくらい方事休すか…と思われたが、激痛をはねのけた必殺のローリングでフライパンマスがダウン！　デイノスクスが決勝進出を決めた。

ベスト4による激しい戦いが終わった。体格差をものともせず、勝利を求める4体は序盤から激しくぶつかりあい、もてる力をすべて出し切った好カードとなった。残すはいよいよ決勝戦だ！

バトル2

セイウチ

準決勝

VS

沙悟浄の
勝利！

沙悟浄

先手をとった突進は沙悟浄にかわされたが、セイウチは危険を察知する能力で沙悟浄の反撃を次々と回避。うまくカウンターのビンタ＆ボディプレスをみまって、勝負を決めにかかる。しかし、勝負は最後の一瞬までわからなかった。宝杖のひと振りがセイウチの頭を直撃！　沙悟浄の勝利への執念がまさって、見事決勝進出だ！

ついに頂点をかけた決勝戦が始まる！

ピックアップ⑥

沙悟浄

沙悟浄は河童ではなかった？

　沙悟浄は中国の小説『西遊記』に登場する水の妖怪で、日本では河童の姿で描かれる。しかし中国の小説では、河童の姿として描かれてはいないのだ。

　中国の沙悟浄は、流沙河という川中から現れた妖怪と記される。それを読んだ日本の翻訳者が、沙悟浄の姿を日本でなじみのある川の妖怪＝河童に仕立てたのが原因…とみられる。

中国の『西遊記』の沙悟浄の挿絵。河童ではなく、僧の姿をしている。

『西遊記』には元ネタがある？

西遊記に登場する沙悟浄、猪八戒、三蔵法師、孫悟空（写真左から）。

　小説『西遊記』は、629～645年にインドを旅した中国の僧・玄奘が見聞きした旅行記『大唐西域記』を元に書かれたものだ。

　この玄奘を主人公にして、各地に伝わる玄奘の伝説を取り入れ、旅をおもしろおかしくアレンジし、神や仙人や妖怪までも登場する冒険物語に仕上げたのが『西遊記』なのだ。

頂点をめざして！

決勝戦

対戦

決勝戦直前!

ディノスクス

能力

9	攻撃
8	防御
5	スピード
6	体力
6	テクニック

これまでの対戦

1回戦	シードのため免除。
2回戦 VS ホッキョクグマ	寒さに弱いという弱点をつかれるが、噛みつき&デスロールで撃破。
3回戦 VS オキゴンドウ	口をあける力が弱いという弱点をつかれるが、反撃の頭突きで勝利。
準々決勝 VS オオアナコンダ	丸のみされて大ピンチにおちいるが、噛みつきが決まり辛くも勝利。
準決勝 VS フライパンマス	戦いをリードされ急所に一撃をくらうも、必殺のローリングで圧倒。

強者の戦いを見せる、優勝候補大本命の最恐ワニ

高い攻撃力と防御力で、大本命とされてきたディノスクスが予想通りの決勝進出だ。だがその道のりは簡単ではなかった。対戦相手に「寒さ」や「口を開ける力」など弱点をねらわれ、ことごとく先制攻撃をゆるした。一方、大ピンチな状況を強烈な一撃でひっくり返す勝負強さも光り、相手の強さを引き出して勝つ、強者の戦いを見せたともいえる。決勝相手の沙悟浄には能力値は勝るが、相手は一撃必殺の攻撃をもつ。見逃せない一戦になりそうだ。

カード分析

比較

比較	
攻撃	8
防御	7
スピード	6
体力	8
テクニック	7

沙悟浄

これまでの対戦

1回戦	シードのため免除。
2回戦 VS ヴォジャノーイ	互いのワザがぶつかる名勝負は、雄叫びからの宝杖の一撃で撃破。
3回戦 VS 海の魔女（人魚姫）	宝杖で魔法のことごとくをはね返し、ジャンプ攻撃でしとめた。
準々決勝 VS シー・モンク	宝杖を失うピンチもチャンスに変え、死角からの一撃で撃破。
準決勝 VS セイウチ	攻撃をかわされ大ピンチになるも、執念の一撃が見事にヒット。

相手を一撃でしとめる破壊力が脅威の妖怪

沙悟浄は高い身体能力と宝杖のワザで、強敵をはねのけ、決勝まで進んできた。勝利のカギをにぎるのは、宝杖の破壊力だ。決勝までの相手は、すべて宝杖の一撃でしずめてきた。準々決勝のシー・モンク戦、準決勝のセイウチ戦では大ピンチにおちいるも、宝杖による一発逆転を決めている。決勝相手のディノスクスには能力値で負けており、さらにトーナメントであまり巨大水生生物と戦ってこなかったという不安要素もあるが、宝杖の一撃が入れば勝機は十分にある。

決勝戦

エリア▶ 大河
水温 7度

時と種族を超えた超絶バトル、ついに最終決戦！

デイノスクスVS沙悟浄

ガギィィィー

ザパン

① バトル開始後、最初に動いたのはデイノスクス。雨でにごった川から巨大な体で垂直ジャンプで襲いかかる！が、沙悟浄もすかさず宝杖でガード！

ギュン

じゅん

ザパン

② 宝杖にがっちりと噛みついたデイノスクス。超パワーでローリングして、杖ごと沙悟浄を川べりの泥の中へダウンさせる。

184

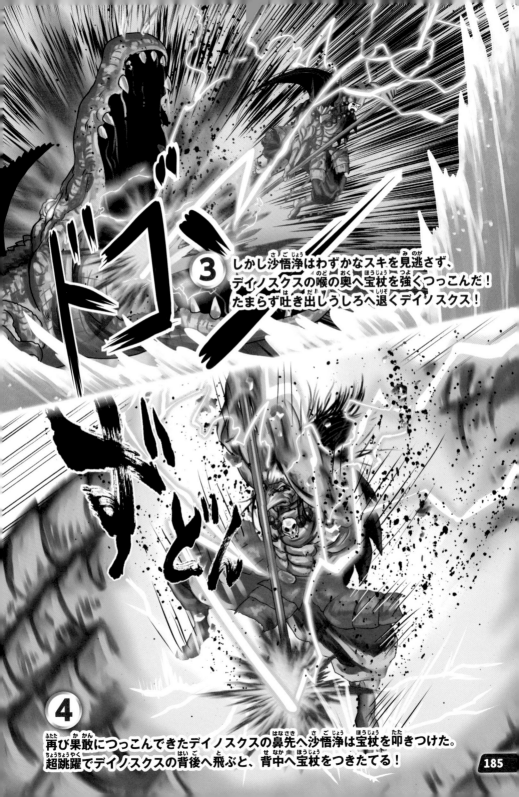

③ しかし沙悟浄はわずかなスキを見逃さず、ディノスクスの喉の奥へ宝杖を強くつっこんだ！たまらず吐き出しうしろへ退くディノスクス！

④ 再び果敢につっこんできたディノスクスの鼻先へ沙悟浄は宝杖を叩きつけた。超跳躍でディノスクスの背後へ飛ぶと、背中へ宝杖をつきたてる！

5 だがデイノスクスは全身をバネのようにはねさせて沙悟浄をふるい落とした。同時に強靭なテイルアタックで反撃！沙悟浄はアマゾン川へとふっ飛ばされてしまった。

※ワニの鱗は硬く、敵の攻撃から身を守る為に発達している。

※ワニの尻尾攻撃はひとの骨が折れるくらい強力。

6 猛スピードでせまるデイノスクスが大きな口をあけた。万事休すかと思われたが、沙悟浄はすばやく身をかがめると、デイノスクスの腹目がけて宝杖をつきたてる！

※ワニのお腹はやわらかい。

7 大ダメージを負いつつも戦意を失わないデイノスクスに、沙悟浄は雄叫びをあびせた。あまりの絶叫に失神したデイノスクスの尻尾をもって、ジャイアントスイングで巨大な岩へ打ちつける！

ドズン

ギュン

※沙悟浄は3tの宝杖を片手であつかえるほどの怪力で、雷のような恐ろしい声の持ち主。

※ワニ類の聴覚は動物のなかでは優れているといわれている。

※デイノスクスの噛む力は最大10tともいわれている。

※人型の沙悟浄にとって膝は筋肉が薄い急所であり、ダメージを受けると立つことができなくなる。

8 その瞬間、デイノスクスは痛みで意識を取り戻した！反射的な動きで振るった尻尾が沙悟浄の膝に決まった。思わず倒れた沙悟浄をくわえて川へと引きずりこむと、超高速のデスロールで勝負を決めた！

デイノスクスの優勝

最終結果発表！

優勝

失神からの奇跡の反撃で頂点に！

もてる攻撃をすべて出しきる一進一退の熱戦の中、沙悟浄の攻勢で失神にまで追いこまれたが、起死回生のテイルアタック＆デスロールが決まり、奇跡の勝利を手にした。

デイノスクス

沙悟浄

準優勝

勝利にあと１歩まで迫ったが…

高い身体能力と宝杖による多彩なワザで、優勝まであと１歩に迫るバトルを見せたが、デイノスクスにとどめをさせず、実に惜しい負けとなった。

3位

戦うなかで能力を開花。多彩なフライパン攻撃を決めて、見事3位に。

フライパンマス

3位

高い攻撃力と防御力で数々の強敵をはね返し続けた。

セイウチ

準々決勝敗退

オオアナコンダ

川天狗

ダンクルオステウス

シー・モンク

もっと見たい出場メンバーをピックアップ

メガロドン

高い攻撃力と体力をもつ最強の選手。優勝候補の期待も高かったが、強敵ダンクルオステウスに粘り勝ちを許し、惜しくも3回戦で敗退した。

浦島太郎＆助けられた亀

数々の連携攻撃で本大会を盛り上げた選手。おとり作戦で海の王者シャチを仕留めたのは見事。残念ながらセイウチの守りは崩せず、3回戦敗退。

モササウルス

とてもあらあらしく暴れ回り、巨体のホホジロザメ、オキゴンドウと迫力あるバトルを見せた。さらなる巨大生物との戦いが見てみたくなる選手だ。

ペラゴルニス・サンデルシ

急降下攻撃から相手をつかみ、ともに空を飛ぶ姿が見たかった。海の生物には圧倒的な強さをみせると思われたが、対戦相手と相性が悪く1回戦敗退。

頂上決戦をふり返って

種族、体のサイズ、能力値、特殊能力…それぞれ違う、多様性にみちた水生生物たちの全47バトルは、どれも予想がつかない熱戦だった。巨大な選手による迫力のある力比べ、小さな選手のワザを駆使したバトル、そして小さな選手が巨大な選手を倒す番狂わせも起こり、期待以上のバトルが見られた。選手本来の能力値に加えて、「水」の活用も勝敗を分けた。決勝のような逆転劇も多く、最後まで勝負をあきらめない気持ちがやはり大事なのだ。

水中異種最強生物
能力別ランキング

大会運営本部が今回の白熱した全47バトルを振り返り、
各選手のスピード、テクニック、攻撃力、防御力を採点した。
全48選手の中で、ポイントの高い選手のランキングを紹介しよう。

スピードスター ランキング

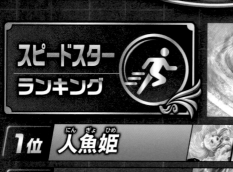

1位	人魚姫	100pt	人魚の王女は泳ぎがとても素早く、敵をかわし、翻弄できる機動力がある。
2位	バショウカジキ	99pt	泳ぐ速度は水生生物最速。大きな尾ビレを開いて急停止することも可能だ。
3位	ダツ	98pt	光にめがけて、相手の体に突きささるほどの速度で突撃する。

テクニック ランキング

1位	フライパンマス	97pt	フライパンを打撃と盾に使い、最後には武器をはさむことも可能になった。
2位	海の魔女（人魚姫）	96pt	渦巻で敵を吹き飛ばしたり、高波で攻撃をガードするなどの魔法が使える。
3位	浦島太郎&助けられた亀	92pt	息の合った連携プレイで、はさみうちにしたり、おとり作戦で敵を翻弄する。

攻撃力ランキング

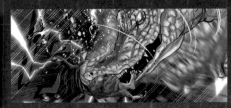

1位	メガロドン		102pt	2t超の噛む力と巨大な歯による噛みつき攻撃は最強の威力をもつ。
2位	デイノスクス		99pt	噛みつき&デスロールは一撃必殺の破壊力で、本大会優勝の決め手になった。
3位	モササウルス		97pt	攻撃力に加え、どんな強敵でもあらあらしく暴れ回る気性の激しさが脅威だ。
4位	リヴィアタン・メルビレイ		94pt	鋭い歯をもつ超巨大な口での噛みつき&丸のみは、避けづらい攻撃だ。
5位	プールのジョー		92pt	まわりの水量次第で、どこまでも体を大きくできる。プールの怪物でよかった!?

守備力ランキング

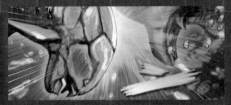

1位	リヴィアタン・メルビレイ		105pt	体長18mの超重量級の巨体は、多少の攻撃ではびくともしない。
2位	ダンクルオステウス		95pt	厚くかたい骨製の装甲板が、頭と胸を守る。一方で装甲板のない下半身が弱点。
3位	メガロドン		94pt	巨体で、筋肉質なそのボディは、多少の攻撃は我慢でき、体力もある。
4位	アーケロン		92pt	頭と手足はひっこめられないが、かたい甲羅で敵の攻撃をはねかえす。
5位	蟹坊主		91pt	蟹の甲羅は頑丈で、敵の攻撃から身を守れる。すばやい横移動で回避力も高い。

編者 Creature Story（クリーチャー ストーリー）

虫や動物の生態に関する情報を徹底的に収集し、生物学とは違った視点で独自の研究を行う。その生物の特徴をもとにして、生態系では遭遇しない生物同士が出くわしたことを想像し、戦いの展開を創造しながらロマンを追い求めている。編著書に『頂上決戦！水中危険生物 最強王決定戦』『頂上決戦！異種最強生物 オールスター大決戦』『頂上決戦！幻獣・ドラゴン 最強王決定戦』（西東社）がある。

ストーリー 小川 彗（おがわ すい）

北海道出身。小説家・コミック原作者。
ドラマ「世にも奇妙な物語」、「僕のヒーローアカデミア」のノベライズ、「逃走中オリジナルストーリー」（みらい文庫）「ぜったい絶命！恐竜ワールド」（集英社）などがある。子供のころ、地元の山で化石を掘っていたほどの恐竜好き。

イラスト	合間太郎（イーループ）、あおひと、icula、怪人ふくふく、精神暗黒街こう、永井啓太、なすみそいため、プーチャミン、madOwl、山崎太郎、ロブジャ
デザイン	芝 智之
写真提供	ユニフォトプレス、Getty Images、Wikimedia Commons
編集協力	堀内直哉

頂上決戦！
異種水中生物 オールスター大決戦

編者	Creature Story
発行者	若松和紀
発行所	株式会社 西東社
	〒113-0034　東京都文京区湯島2-3-13
	https://www.seitosha.co.jp/
	電話　03-5800-3120（代）

※本書に記載のない内容のご質問や著者等の連絡先につきましては、お答えできかねます。

ISBN 978-4-7916-3322-7